清晰論法

公司法爭議問題研析
股東會篇

黃清溪 | 主編

黃清溪、簡祥紋、鄭瑞崙、游聖佳、陳錦昇、黃偉銘
李美金、莊如茵、張鴻曉、魯忠軒、邵勇維、羅玲郁　等著
謝孟良、何佩芝、楊有德、黃鋒榮、吳　姮、陳亦明
吳軒宇、林秉毅、黃國川、蔣志宗、黃雅鈴、顏汝羽

主編序

在一群好學不倦、力求上進的研究會成員堅持之下，大家努力不懈，研究會研討持續運作，按期舉行，短短一年時間，即獲得豐碩成果。繼104年9月間《公司法爭議問題研析——董事篇》出版後，如今姊妹關係之《公司法爭議問題研析——股東會篇》又刊行問世，是研究會全體成員日月殷勤、不辭辛勞所換來的代價，值得珍惜，也樂於和所有讀者分享。

本書專題之「股東會」在法律上的地位，位居公司最高意思決定機關，則未曾改變。有關股份有限公司之基本、重要事項，均須經由股東會的決議始可成立。又倡議已久的股份有限公司民主化，以及時下流行的公司治理，有賴於股東權的正常行使與發揮，才能實現；而股東權行使最重要的舞台，就是股東會。有鑑於股東會之重要性，自上世紀末以降，先進各國即已積極致力於股東會制度的修正、強化，至今呈現股東會正常面貌，恢復了公司最高意思決定機關的機能。不止於此，更進而開啟另一前瞻性的機制，即強化股東的話語權，提升股東會成為「公司與股東間的對話平台」。

反觀我國股東會依然被社會極端輕視，以形式上召開，敷衍了事，有名無實之股東會，依然故我；國家法治也無所作為，導致公司法制運作失靈，企業效率提升乏力，我公司法制

遲遲無法跟上時代步入進步性、現代化的境界。我國公司法制應及早圖謀脫離老舊腐朽，建立跟得上時代，步入進步性、現代化的制度，是當前的義務。

本書依循前書，以普及法制知識為目標，提供實務界之實務運作以及初學者學習之參考，對股東會之機關地位、權限、會議召集以及議事運營等各項目，挑選問題101題，依序於研究會逐一反覆研討，獲得全體贊同，在形成共識之下，才撰文定稿，係為全體成員的共同創作。

現行法對股東會之規定確實粗略陋絡，於法無明文規定之下，針對各種問題之解答，端賴法解釋始能有解。而法解釋，由於立場各異、見解分歧以及學養閱歷淺狹，常導致論法偏差、誤解在所難免，尚祈各位賢達不吝批評指正。

黃清溪

初版序

自民國101年酷暑，由恩師黃清溪老師號召同門師兄姊、弟妹共組「清流公司法研究會」，精研公司法之學問及實務運作問題之探究。清溪老師雖每月頻於台、日兩地間往返，但仍不減對公司法研究之熱忱，每月假日定期召集研究會。本研究會成員乃由學術及實務界法律人士共同組成，議程經常由白天討論至黑夜，成員們仍樂此不疲，有幸成為研究會之一員並參與此書出版，與有榮焉。清流公司法研究會更於106年3月5日正式成立社團法人，除研究我國公司法學說理論及實務運作外，並積極與日本等國學者交流外國公司法現況，盼作為我國公司法未來立法或修法之借鏡。

在繼《公司法爭議問題研析──董事篇》出版後，本書《公司法爭議問題研析──股東會篇》係本系列專書之第二冊，本書同樣採以問題方式向讀者介紹，從股東會總則至股東會會議結束後之實務，共計15章節，整理羅列101個問題進行研究，並將學說及實務見解整理，深入淺出探討其箇中理論與實務見解，再以本書見解作為結論，並藉此拋磚引玉，引起學術、業界相關人士之共鳴。本書之成，雖集結學界之教授、研究生及法官、檢察官、執業律師、會計師與企業高階幕僚等實務界法律人士，然公司法實是浩瀚，且學說見解分歧，錯誤在

所難免，尚祈先進不吝指正。

　　清溪老師雖遠居於日本，對於國內公司法之教學不遺餘力，謹表謝忱。在本書付梓之際，承黃鋒榮會計師審閱校稿，且蒙簡祥紋法官、李美金檢察官、黃偉銘法官、鄭瑞崙律師、游聖佳律師、莊如茵律師、羅玲郁律師、邵勇維律師、張鴻曉理事長、楊有德律師、陳錦昇律師、魯忠軒同學、何佩芝同學、吳軒宇同學、陳亦明同學、林秉毅同學、吳姮同學等惠加校對，經眾人之努力，使本書得以順利出版，在此謹表謝意。五南圖書出版公司傾力協助、規劃本書出版相關事宜，特此致謝。

謝孟良 律師
2017年5月

C O N T E N T S

C O N T E N T S

第一章

總　則

問題 **1** # 股東會在公司機關組織中的地位如何？

要點！

- 所有與經營分離。
- 股東會與董事會、監察人之間關係。

參考條文

公司法第202條。

※相關問題：問題6。

說　明

一、公司機關的概述

　　我國現行公司法中股份有限公司機關之構造，應是爲實現「所有與經營分離」之近代經濟學原理而進行權限再分配之結果。

　　按具體法之關係來說，近代國家之組織立法、司法與行政三權是個別由國民權力所信託之機關，然而股份有限公司之股東會、董事會與監察人之間，本質上並非同前述三權鼎立的狀況，蓋因董事會與監察人是股東會之下屬機關，需經股東會加以選任。換言之，股份有限公司機關相互間是「所有人」與「經營人」關係，與前開國家機關權力分立的概念顯有不同。

　　也正因董事會及監察人兩機關之實際擔當人均賴股東會所選任，是始有股東會爲公司最高之意思決定機關的說法，股東會與董事會或監察人間或有權限分配上之爭議[1]，但並不存在制約與均衡的問題，

　　依「所有之所在，即是支配之所在」之理念，股東是公司之實質共有人，對公司本應擁有絕對支配權，如此一來更能自負經營成果，本來這是最好的權限分配狀態；然而現實上，公司出資者——股東，客觀上往往不具有專業的經營能力，主觀上也不具有經營的意願，公司業務經營權勢必另委他人，放諸公司其他機關，董事會（或董事）當爲最佳的選擇。

　　相反地，股東會既將經營權委由董事會職司，則董事是否適任，經營是否健全，身爲最終承擔經營成果之股東勢必耿耿於懷，是如何監督及監視公司業務經營狀況將成另一重點。根據股東權本質，倘若任由各股東自由行使，意見紛亂無序的窘況顯而易見，勢必嚴重干擾公司業務經營的順遂，所以除了僅保留少許得以股東身分行使之權利（如股東代表訴訟提起

---

[1]　公司法第202條之爭議即爲著例。

權、違法行為制止權，以及書類表冊閱覽權等監督糾正權）以外，其餘者均委由股東會進行總體監督，而非得任由各股東恣意行使，換句話說，個別股東如果想要行使前揭個別或少數股東權以外的監督權利，只能藉通過股東會決議形成股東會的意思後為之。然股東會先天本質上就不是常態性召開的會議體，實際上不足以肩負監督的工作，所以特設經常性、全面性監督機制之機關自屬當然，此即為監察人。

二、股東會與董事會機關組織中的地位

同前所述，股東會是由股東所組成，股東是公司之出資人也是所有人，依所有人對其所有物具有支配處分權之私法基本原理，初期之股東會構建為公司最高意思機關，同時也是萬能機關，總攬公司所有權限。然而隨著公司企業規模大型化，經營上必須面對多元複雜的情況和其變化的快速，已非過昔所能相比，是前揭股東會為公司最高且萬能之機關定位已顯難以維持。既公司實質所有人（此即為股東）已經不再適任經營，交棒經營權予專業人士已屬不得不的趨勢，此即公司經營與所有分離的濫觴，此亦為我國現行公司法中股份有限公司的基本模型。公司經營事項既交由職司業務執行的董事會執掌（公司法第202條參照），而交出經營權的股東會，僅就公司組織、營運之基礎及其他機關之構成員選任有決定權，而不再是公司的萬能機關，但因為其所能支配權限仍屬公司中最高層級，所以公司最高決策機關的地位仍懸於不墜。

問題 2 股東會的機制為何？

要點！

- 機關意義的股東會與會議體形式存在的股東會。
- 股東與股東會「動作」、「決議」之區別。

參考條文

公司法第170條、第171條、第172條、第173條、第174條、第184條、第185條、第192條及第216條。

※相關問題：問題1、問題76。

說　明

　　股東會性質上為法定必要之最高公司意思決定的會議體機關，其構成員即是公司的實質所有人們也就是各股東，在股東會如何形成意思決定，事涉其會議體體制之運作。會議體多採合議制方式形成決定，無論董事會抑或股東會均屬之。股東會常態上，由董事會召集各成員（即各股東）開會、議事，以多數決方式對議案形成決議進而閉會，股東會乃前揭一連串之活動之謂也。

　　而有所爭議之處，在於持有無表決權之特別股股東，抑或庫藏股之持股人，因不得行使股東會最核心的表決權而無法參與決議，本質上是無法被定位為股東會之構成員。蓋因，股東會唯一且最重要的工作即為決策，又肇因於會議體本質之故，意思之形成悉數繫諸於股東們的表決權行使，是舉凡無法行使表決權者，縱身為持股人亦無從被認定為股東會的構成員。然渠等終究為公司之所有人，仍與一般與公司毫無關聯的外部人士誠屬有別，縱無從讓前揭無表決權之持股人行使表決權，仍非不得不就其與會的權益加以保障。而細究股東會的涵義其實有兩種面向的解釋，一者指的是機關意義的股東會，另一者則為以會議體形式存在的股東會。前者諸如公司法第170條、第184條、第185條、第192條、第216條等之股東會，後者如同法第171條、第172條、第173條、第174條等均屬之。

　　機關意義的股東會設置是法律所規定，因此即使公司章程規定或股東會決議，減免股東會之職權，或變更股東會組織，更甚者廢止股東會，均是不被允許的。只要公司法人存在的一天，機關意義的股東會就會存在，這在公司進入清算階段亦然。

　　會議體意義的股東會指的是機關之股東會活動的一連串過程，也就是前述合議制運作的程序。雖伊屬股份有限公司法定、必要、常設機關，但並非常時活動之機關，僅在開會、議事進行、議事終了閉會之間為一時性的運作，休會期間即不活動，而且不活動的期間較長。公司法上所指稱股東會，建立在經具有合法召集權人依法定程序召開者為限，倘若只是多數

股東自發性的集會並作決議，至多僅屬多數股東之意見表明，無法進一步昇華成法定機關股東會做成的「公司意思決定」。簡言之，要成為股東會機關之意思決定，「股東」如何「動作」、如何「決議」均毫無任何法的意義，必須是「股東會」自身之「動作」、「決議」才會有效，兩者間存有明顯的差別，不可不辨。

問題 3　股東會的權限有哪些？

要點！

- 股東會的權限。
- 股東會可以透過章程的方式擴張權限嗎？
- 非屬股東會的權限，股東會卻作決議，效力如何？

參考條文

　　公司法第20條、第185條、第202條、第277條、第315條及第316條。

※相關問題：問題1、問題93。

說　明

　　我國現行股份有限公司的機關構造及權限分配，確立於經營與所有分離的基礎已屬定論，而公司法茲因前開所有與經營分離之現象，將業務執行權重行劃分與董事會後，股東會即不再是公司的萬能機關，而揭櫫此原則的標竿性法條即為公司法第202條，然在公司法重行劃分權限後再起爭議之處即在於，現階段的股東會究竟還留存有多少權限。

　　訴諸公司法第202條之文義解釋，以及股東會仍為公司最高意思決定機關之本質，除了公司法第185條（營業讓渡、讓受、出租、委託及共同經營、讓與全部或主要部分之營業財產）、第277條（變更章程）、第315條及第316條（解散及合併）等明文規定與公司基礎組織或營運之變更有關，及事涉公司其他機關之任免與報酬，抑或牽涉股東利益的會計表冊、盈餘分配之議案（公司法第20條）而由股東會所職司者外，最具爭議性就在於股東會可以透過章程的方式擴張己身權限到怎樣的地步。

　　對此一問題，一般認為在不違反公司本質、股東會性質以及強行規定下，原則上都可以透過章程移轉由股東會決議之。諸如：章程規定董事會之業務執行權全面移轉給股東會，顯然違背了經營與所有分離的型態，即是否定了現代股份有限公司的基本型態；又章程移轉董事長的法定代表權予股東會，然代表權的行使顯與股東會會議體運作的本質有異；另外將財務報表的製作，或監察報告的提出章定移轉與股東會亦屬違法，蓋此等義務之履行均與業務執行有密切之關聯，且公司法明文課與董事與監察人上開義務，性質上即屬強制規定，章程自不得加以違反。綜上討論，股東會究竟能透過章程擴權到什麼樣的地步，本書以為恐怕有限。

　　而若股東會在屬於伊權限內之事項做出合法決議後，即當然對於公司其他機關產生拘束力，反之，股東會對於非屬伊權限範圍內之事項做出決議，則其決議結果性質上，也單單僅是供其他公司機關業務執行上的參考罷了，並不當然減免其他公司機關業務決策或執行上應負忠實或善管義務，否則我國現行公司法下經營與所有分離的公司機關模型僅是空談罷

了，簡言之，相關權責機關（往往是董事會）仍必須就其作出的最終決策及執行負責，無從藉由恪遵股東會所為之決定而脫免其責。

問題 **4** 股東會決議通過的門檻（總額）為何？

要點！

- 多數決為民主會議體意思決定之原則。
- 多數決之調整——特別決議。

參考條文

公司法第174條、第175條、第185條及第209條。

※相關問題：問題76。

說 明

　　任何會議體對議案之決議，能由會議構成員全體同意所作成之表決而成立最屬理想，惟事實上每件議案都要求全體股東同意恐很難達到。民主主義體制下，事事要求民主決定，全體同意之理想目標難求，退而求其次善之策，多數決成為民主會議體意思決定之原則，公司法亦承此原則。惟因每件議案所生之影響不一而足是針對特別議案，亦有加以調整多數決之要件之必要。

一、普通決議

　　股東會之決議，以代表已發行股份總數過半數之股東出席，出席之股東表決權過半數之同意行之為原則（公司法第174條），此即所謂普通決議或通常決議。除了公司法或章程另有規定外，原則上股東會意思表示的形成即以普通決議已足。如會計表冊之承認等。

二、特別決議

　　諸如章程變更、組織再造，此等對股東地位影響重大之事，或易被控制股東獨占利益者，為了保護一般股東之利益與平等，公司法亦嚴格其要件，最常見者即屬「應經代表已發行股份總數三分之二以上股東出席，已出席股東表決權過半數之同意行之。在公開發行股票之公司，出席股東之股份總數不足上述定足數時，得以有代表已發行股份總數過半數股東之出席，出席股東表決權三分之二以上之同意行之」（公司法第185條、第209條等）。特別決議係排除普通決議一般原則之例外，故其適用事項必須以明文規定者為限。

三、假決議

　　現行公司法爲免股東會屢屢流會，屬普通決議事項者得以透過代表已發行股份總數三分之一以上股東出席，出席股東表決權過半數同意爲假決議，並將假決議通知各股東，於一個月內再行召集股東會，對於假決議如仍有已發行股份總數三分之一以上股東出席，並經出席股東表決權過半數之同意，視同普通決議（公司法第175條）。假決議制度之立法目的甚佳，然其立法設計卻有諸多不合理之處。其一，公司法既要求股東會議案之通過，須達一定已發行股份總數之出席並加以同意，始可成立，而在現行假決議制度下，可以想像者即爲相同之持股人只要舊戲重演，同意之持股數既無變更，更無從肇生股數加乘之結果，何能生得前開議案通過乙事，殊非無疑；又兩次假決議的關聯性究竟爲何？究爲兩個決議，抑或第二次決議乃第一次決議的延期會，都是問題？此將涉及持有第一次假決議的委託書者，得否在未經第二次授權下，代理行使表決權？[2]以及由少數股東召集的股東會，得否未經主管機關同意，再行召集第二次假決議？這些問題有待研究後，改進現有之假決議制度。

---

[2] 第一次股東會之股東，原所爲委託行爲於第二次股東會是否仍有效力一節，應視委託書記載之股東委託行使事項範圍而定，除委託書載明委託行使範圍不及於假決議後再行召開之股東會關於股東權行使事項之意旨外，其原委託行爲仍有其效力。惟本人（股東）如欲撤銷前委託，應依相關法令規定辦理（經濟部2010年1月12日經商字第09902400130號函）。

問題 **5** 股東會種類有哪些？又其異同之
處如何？

要點！

- 股東常會及股東臨時會。
- 特別股股東會之性質。

參考條文

　　公司法第157條、第159條、第170條、第173條、第202條及第202條。

※相關問題：問題1。

說　明

　　股東會具有機關意義及會議意義兩種層面之解釋，前者係指股東會為公司最高意思決定機關，後者即指機關意義的股東會運作方式，開會、決議到閉會一整的流程，細察公司法於第170條，固將會議意義的股東會再行區分為「股東常會」及「股東臨時會」兩種，惟兩者間無論性質或效力均沒有太大的差異存在。

　　股東常會所指僅限於「每年會計年度終了前由董事會所召開之股東會」，餘者，無論是由少數股東[3]抑或由監察人[4]所召開，甚或為董事會決議召開者，均屬股東臨時會。細究其本質，除了召集程序之寬嚴及法定召開義務之有無外，性質上並無差異，是僅需為股東會權限[5]下適法之決議，無論究為股東常會，抑或股東臨時會所為者，效力上並無不同，且兩者所能為之決議項目更無差異。

　　另按公司法第157條，公司固得依其所需發行權利義務異於普通股之特別股，甚或得就股東權中最具有力量之表決權加以限制之。此種無表決權或限制表決權股之寬認，乃係肇因於現今工商社會中，無力參與公司經營而僅係希望透過公司專業經營團隊而獲利之股東不在少數，又果若強求此等股東每場股東會均須出席，以達公司法股東會開會門檻之要求，實為不切實際。然公司經營所必需之資金又非其中幾位深諳公司經營之股東得以獨自負擔，倘不開放前開無力經營者的資金得以挹注於公司，公司之發展勢必受囿於左支右絀之資金狀況而難以突破，顯不利於公司經營規模的擴張。再者強求公司以大量公司債發行的方式募資，終將因必須面對龐大的債務清償壓力而投鼠忌器，難求大破大立。但公司法又已明文股東會開會門檻之要求，最後僅能寬認此種無表決權或限制表決權股的發行，一方

---

[3] 公司法第173條。
[4] 公司法第220條。
[5] 公司法第202條。

面供公司得以順利在資本市場中籌資，另能避免公司因爲持股狀態過於分散且多屬無心經營公司者，而徒增股東會召開或決議的困難。想當然爾，此種無表決權或限制表決權股之持股人既已在發聲權利上劣後於普通股股東，自必需在其他股東權益方面上予以彌補，諸如股息、紅利發派等等。

　　然而，前開無表決權或限制表決權股之股東，雖無從於股東會作成決議時直接左右結果的產生，但爲求特別股股東權益之保障，事涉特別股股東權益之章程變更者，公司法第159條不僅大幅度提高決議門檻，甚於一般變更章程[6]之要求，甚而要求公司須取得特別股股東之同意，惟同所有會議體共通的毛病，事事要求全體構成員同意實屬夢話，故多採多數決的方式以統合內部分歧之意見，僅因決議之事項所生影響大小而調整決議門檻。前揭多數決的決議方法亦適用於特別股股東會，且相關規定更準用股東會。

　　惟不得不加以辨別者在於，特別股股東會之性質迥異於前開股東會乙事。蓋股東會機關意義上屬公司最高意思決定機關，無論係業務執行機關董事會之構成員（即董事）擔當人，抑或監察機關監察人之擔當人均仰賴伊而存滅，而其運作方式採集思廣益的會議體形式爲之，無論是因應法定召開義務之股東常會，抑或是股東臨時會，均爲股東會之會議意義所指。然特別股股東會僅係公司法爲了讓特別股股東得以捍衛自身權益所特設的章程變更要件，與前開機關層面或開會層面所指之股東會殊爲二事，於此一併指明。

---

[6] 公司法第277條。

問題 6　現實股東會的情況與理想股東會的理念有何不同？

要點！

- 委託書制度成爲現實的股東會。
- 實現理想股東會的理念。

參考條文

公司法第277條。

※相關問題：問題44～49。

說　明

　　股東會為公司最高意思機關，坐擁公司其他機關的任免權及基礎組織變更的權限，若善加使用，即得讓身為公司之所有者，得以監督公司的人事布局及經營策略，以收抑制違法經營之效，可謂公司治理的一大利器。惟現階段我國股東會之決議結果，早在委託書徵求中已確定，股東會的開會過程淪為形式，實質上委託書的徵求過程已成為實質意義的股東會。

　　按委託書制度之設計，原有避免股東會流會之美意，然在現卻淪為市場派與公司派爭奪經營權的利器。有意爭取或捍衛經營權者，不必再花費大把銀兩購買股份，只需在股東會召開之前夕，透過收買其他股東的委託書，即能以最小的成本掌握股東會。會議體設計的股東會此刻淪為少數委託書收購者的戰場，更遑論意見交流、集思廣益。如此一來，少量持股卻得以掌握公司運作的控制股東將越演越烈，其他小股東的聲音也將在這場爭奪戰裡漸漸消失，股東會完完全全的形骸化。尤有甚者，公司派只需握有一定的委託書即可隻手遮天經營舞弊乙事，讓公司虧損於無形，而公司最高機關淪為遮羞的工具，完全喪失原有的監督功能。

　　另一方面如何確保股東得以在股東會決議前就相關議案獲得足夠之訊息，除了重行檢討我國現行公司法中，僅要求股東會開會通知中只記載召集事由，卻對於議案內容無須多做說明外，亦必須確保股東得以在決議前如何正當行使渠等之質詢權，此等利益平衡需在股東資訊之獲取、公司商業秘密及股東會程序遂行間做出動態判斷，顯非易事，如《德國股份法》規定質詢事項應該在「對股東大會議題做出實際判斷之所必需」的範圍內為之。

問題 7　在先進國家中目前股東會發展之動向爲何？

要點！

- 股東行動主義。
- 股東質詢權。

※相關問題：問題10、問題73。

說 明

　　由於股東是公司實質所有人，公司的盈虧狀況直接影響到股東們的獲利狀況，是相較於其他外部監督系統，股東有充足的動機去抑制公司違法經營的發生，此亦爲股東行動主義廣受世界推廣之原因。

　　再者我國投資環境的開放，爲數不少的公司股東結構中均有外資亦或金融機構的影子，此等股東由於本身就具有高度的財務及業務經營狀況的審查能力，往往得以直指公司經營上的缺失，再加上本身具備龐大經濟實力，根本不是一般小股東足以比擬，此等股東爲了確保自身的投資得以獲得最高的收益，相較於一般散戶更能積極的抑制違法經營之發生。

　　而股東會乃是罕有股東們得以集思廣益甚而要求公司經營階層對公司經營狀況做出回答的機會，是如何在股東們做出決定前，獲得充足資訊，甚至更進一步主動要求公司經營者做出說明，實爲下一個股東會法制建構的重點。當然，所有的權利都有被加以濫用的風險，股東們質詢權限當無例外的可能，尤其在遇有職業股東的情況發生時，更屬棘手，是如何在股東資訊獲取權、公司相關營業秘密的保障以及股東會程序遂行等事取得平衡，將是股東質詢權適法與否的重要判斷因素。

問題 8　股東與股東會督促董事會遵法、守法經營的機制有哪些？

要點！

- 股東主動督察公司業務經營。
- 股東與股東會抑制董事會違法經營之機制。

參考條文

公司法第194條、第199條、第199條之1、第210條、第212條、第214條及第228條。

※相關問題：問題9。

說　明

　　雖然現行公司法業務經營權已由股東會移轉到董事會身上，是除非法律或章程另有規定，股東會關於業務執行的決議結果，對董事會而言都只有參考價值，並不當然產生拘束力。然終究股東才是公司實質所有人，公司的盈虧深深牽動著股東的獲利，所以制度上是不可能讓股東眼見經營階層舞弊徇私卻無從救濟，同時，也正因為股東是公司利益的實質獲益者，所以透過股東利己的動機，主動督察公司業務經營違法情況，也最是合情合理。

　　按「每會計年度終了，董事會應編造左列表冊，於股東常會開會三十日前交監察人查核：一、營業報告書。二、財務報表。三、盈餘分派或虧損撥補之議案。」公司法第228條第1項明文董事會須在會計年度終了前，編造相關表冊供股東查閱、決議之用。其本身即是要求經營者向公司所有人報告該年度營業狀況，這種一年一度自我剖析的過程，就是希望把一年來的經營結果攤在陽光下，來抑制違法。另按「除證券主管機關另有規定外，董事會應將章程及歷屆股東會議事錄、財務報表備置於本公司，並將股東名簿及公司債存根簿備置於本公司或股務代理機構。前項章程及簿冊，股東及公司之債權人得檢具利害關係證明文件，指定範圍，隨時請求查閱或抄錄。」公司法第210條亦保障股東及債權人的資訊取得權，以確保公司經營得以隨時被檢驗。

　　再者「董事會決議，為違反法令或章程之行為時，繼續一年以上持有股份之股東，得請求董事會停止其行為。」公司法第194條乃賦與小股東在發現違法經營乙事時，得請求公司停止其行為之權利。此外股東會為公司最高意思機關，其本身就具有任免公司其他機關成員之權限。在對於經營階層發生舞弊事件時，除了可以透過最劇烈的手法將其解任（公司法第199條、第199條之1）外，亦可在報酬決定時，就其經營表現加以斟酌。

　　若公司不法經營實已造成公司損失，公司法第212條及第214條亦分別明文股東會及少數股東訴追董事責任的權限，責任訴追制度的落實除了能夠填補公司損害外，在抑制違法方面更是重要。

公司治理與股東會關係為何？

問題 **9**

要點！

• 股東會對董事會與監察人之監督機制。
• 少數股東的違法行為制止請求權。

參考條文

公司法第192條及第216條。

※相關問題：問題8。

說 明

股東行動主義的提倡，即係在全球金融舞弊案件層出不窮下所倡議，蓋因公司經營狀況直接牽動到股東們的投資獲利，渠等實乃公司經營階層舞弊下第一線受害人，是渠等為了防阻個人損失的發生下，所產生之充足的動機，去防阻公司弊案的發生。且現今股東會雖不再是股份有限公司的萬能機關，亦仍屬公司最高意思機關，無論係職司公司業務經營的董事會，抑或常態監督、監視公司業務經營的監察人，渠等之存在，均需仰賴於股東會，此觀公司法第192條及第216條足稽。

除此之外，股東會更得於董事及監察人任期屆滿前，隨時就渠等業務執行作出評價，重者解任之，輕者則反應於報酬。且董事會亦有應股東會要求報告公司營業狀況之義務，是倘若股東得於事前獲悉足夠的信息，配合董事會無從躲避的備詢義務，將得以適時直指公司違法弊案之所在。

然因股東會的運作上有著先天本質上的不易，是公司經營上果出現急迫性的違法情節時，仍仰賴股東會行使前開權限加以抑制違法，恐緩不濟急，是現行法仍保留少數股東的違法行為制止請求權，訴請法院就公司違法經營乙事予以制止，尤其在搭配定暫時狀態假處分的保全制度一併主張時，更具實益。

問題 *10* 企業之投資人關係（IR）活動與股東會之關係為何？

要點！

- 投資人關係（IR）。
- 股東行動主義。

※相關問題：問題7。

說　明

　　過去上市／上櫃公司將投資人關係（IR）當作公共關係（Publicrelation; PR）的一部分，但近年來上市／上櫃公司爲應付投資人，尤其是投資機構之投資人對公司營運狀況、財務報表等資訊取得的急切性，遠勝過以往公共關係活動程度，因此大多數上市／上櫃公司願將投資人關係部門獨立，顯見其重要性。投資人關係之定義可歸納如下：

一、是企業從內外部資訊彙整，檢視內外環境之一種管理作業，藉以提升企業競爭力。

二、是以公司經營績效與全球投資觀點爲公司評價，不同於一般分析師以盈餘引導之評價模式。

三、是企業長期持續活動，並能忠實傳達企業重視股東權益之理念，亦是企業與資本市場最有效對話之一種策略性組織。

四、根據美國投資人關係協會（National Investor Relations Institute）針對投資人關係所下的定義：

　　（一）是一個接觸窗口（Contact Window）：做爲股東與投資人接觸與溝通橋樑。

　　（二）是有效之溝通：利用IR平台，與投資人及資本市場參與者進行有效溝通，袪除投資人疑慮，由投資人進一步評估決定企業合理的資本市場價值。

　　（三）是長期持續性活動：不斷透過IR闡述企業重視股東權益之理念，同時讓經營者掌控資本市場脈動。

　　基上，投資人關係重在如實整合公司財務狀況及整體經營狀況（含現在與未來），再利用互聯網等方式向投資人傳遞相關訊息，並同步確認公司投資人的組成結構，以供公司經營決策之用。蓋因不同產業別，甚或不同國籍的投資人所求不一。所以，公司如何在經營獲利上，最大幅度地滿足投資人們的所需？投資人如何能獲得公司最正確的經營實況？均有賴於投資人關係從中斡旋。建立良好的投資人關係，有助於增加公司與投資人

間利益的同步和連結，進而建立雙方信賴關係。投資人不致於僅因公司一時的虧損，卻又恐懼於無從獲悉公司的經營規劃，進而收傘於雨天，毅然撤資，使公司經營狀況更趨惡化；而對其他潛在投資者而言，良好投資人關係的建立，有助於渠等獲得投資與否的必需資訊，現今手握重金的投資者們不同於昔，不再以無的放矢的方式濫行投資，如何在偌大的募資市場中取信於投資人們，IR絕對是其中重要關鍵。

　　股東為股份有限公司的投資人，也同時是公司最高意思機關的構成員，再鑑於近年來股東行動主義的宣揚，股東和股東會不再僅僅只是公司經營階層的橡皮圖章與背書人，且如何能使股東及股東會得以適時防堵公司經營階層舞弊乙事，更是近年公司法火紅的議題。而衡諸股東會運作方式，異於董事會或監察人以一種全年無休的方式進行，股東會如何能夠在有限的次數裡，獲得最經濟的效果，關鍵在於股東如何在每次股東會召開前獲得資訊的充足量。誠如前述，IR的首要功能即在如實反應公司最新的經營狀況予投資人（在股份有限公司即為股東），是如何善用IR制度以供公司股東獲取最切實的資訊，勢必為股東行動主義下一階段的議題。

公司內部控制制度建構與股東會之關係為何？

要點！

- 公司內部控制制度內化為董事會監督義務之內涵。
- 董事會將內部控制制度設置情形納入向股東會之營業報告中並接受質詢。

參考條文

公開發行公司建立內部控制制度處理準則第3條。

※相關問題：問題9。

說　明

　　鑑於公司實際運作中，無論爲機關抑或其構成員，甚連實際執行者，無一不委由自然人擔當，是人爲因素往往成爲公司實際營運上的不確定因子，而公司治理中無不用盡辦法，希望在公司營運中將人爲因素加以排除，諸如獨立董事的獨立性要求即爲著例。

　　按COSO（Committee of Sponsoring Organizations，全美反舞弊性財務報告委員會）報告，稱內部控制是一種過程，受董事會、管理階層及其他從業人員之影響，用以合理保證達到營運活動之效果、效率，及財務報告可靠性、完整性並遵循相關法令之目的。如依我國公開發行公司建立內部控制制度處理準則第3條第1項之規定，爲由經理人所設計，董事會通過，供董事會、經理人及其他員工執行之管理過程，用以健全經營，以合理確保（一）營運之效果及效率；（二）財務報告之可靠性；（三）相關法令之遵循。

　　而內部控制制度的引進，雖無法完全排除與人有關之因素，但已跳脫機關間相互監督，且由上往下的監督方式，先由經營階層的董事會先制定一套由各階層均應遵守的管理流程，細節性、技術性流程，則由各經理階層或管理單位逐級擬定，再利用基層人員於各作業時階段去檢視是否按照原定管理流程進行，並課予義務及鼓勵在發現異常時即時反應，如此一來形同各階層人員均爲被監督、審查者身分[7]。

　　又公司法既已明文董事會[8]爲公司唯一職掌業務執行權的機關，是公司上上下下從事業務執行者，上至總經理，下至基層員工，均直接或間接授權於董事會，構築出以董事會爲頂端的金字塔型業務執行體，源於「授權者即監督者」之法理所致，董事會自有監督伊所授權之人的義務。然董

---

[7] 詳閱黃國川，論內部控制——以董事責任爲中心，國立高雄大學法律系碩士學位論文，頁58。

[8] 公司法第202條。

事會本質上為一會議體，性質上並不利也不適於監督業務執行，故相關的監督義務落在其構成員身上，亦即由各董事負責監督業務執行。而內部控制建構本屬公司治理環節之一，性質上也是為了確保公司一切業務執行正常的監督系統，理應本屬公司唯一業務執行機關（董事會及董事）之職責所在。

　　同前，董事會既應負有內部控制制度建構監視義務，且不論是監督或監視義務，均認其為善良管理人注意義務之一部分。董事會須適時建構、調整甚或變更，適合公司永續經營且有效能之內部控制制度基本方針，始可謂善盡其善良管理人注意義務[9]。

　　又內部控制制度之建構與調整，既已內化為董事監督義務之內涵，是縱我國未同日本以明文規定，董事會需將關於內部控制的設置及相關決議內容，載明於營業報告中，並向股東常會加以報告，亦非無從自相關法理中，加以推導而得。蓋因前開義務，事涉董事善良管理人責任之有無，而董事責任的追究，本屬股東會之權限，是股東會自得就內部控制設置的情況及良窳，向董事會成員質詢，並加以發表意見。

---

[9] 詳閱黃國川，論內部控制——以董事責任為中心，國立高雄大學法律系碩士學位論文，頁106-107。

第二章

股東會召集

問題 **12** **對於股東會日期擇定以及手續**
有哪些應遵守之法律規定？

要點！

• 股東常會的日程及手續。

參考條文

　　公司法第170條、第172條、第173條、第185條、第206條、第220條、
第245條、第310條及第326條；民法第119條及第120條。

※相關問題：問題5。

說　明

一、為藉由會議方式就股東對公司之意見集思廣益，公司法第170條第1項第1款規定，股東常會每年至少召集一次，且同條第2項規定，應於每會計年度終了後六個月內召開。又股東會須由有召集權之人召開方符合法定程序，原則上股東會之召集，依公司法第171條之規定，由董事會召集之；例外方依第173條之規定，由少數股東權之股東、依第220條或第245條由監察人、第310條由重整人以及第326條第1項由清算人召集。

二、原則上由董事會依公司法第206條第1項規定，以董事會普通決議就召開股東會之時間、地點及召集事項為決議，且經濟部認為，該董事會與股東會不得同時召開[1]。董事會決議召開股東會事項後，再依公司法第172條之規定，區分非公開發行公司及公開發行公司，非公開發行公司依同條第1項之規定，應於二十日前通知記名股東，對於無記名股東應於三十日前公告之；公開發行公司依同條第3項之規定，應於三十日前通知記名股東，對於無記名股東應於四十五日前公告以通知股東。此處之「通知」實務見解採「發信主義」，即於意思表示離開表意人，倘發信一經付郵時，即已發生其通知之效力，至股東實際有無收受該通知在所不問[2]。而期間之計算，公司法未設特別規定，有認為應回歸民法第119條及第120條第2項「始日不算入」之規定[3]，實務見解則進一步補充，認為其計算方式適用民法始日不算入之規定，且應自通知之翌日起算至開會前一日，算足公司法第172條之法定期間[4]。若為上市、上櫃公司，依主管機關發布股份有限公司股東會議事規則第3條第2項之規定其召集手續尚須踐行將資料傳送公開資

---

[1] 經濟部1960年9月2日商41797號函。

[2] 最高法院91年度台上字第156號判決、經濟部1980年11月10日商38934號函。

[3] 王文宇，公司法論，元照出版公司，2006年，3版，頁277。

[4] 最高法院84年度第1次民事庭會議決議。

訊觀測站、備妥當次股東會議事手冊及會議補充資料供股東隨時索閱，以及陳列於公司及公司所委任之專業股務代理機構，且應於股東會現場發放之程序。

三、依公司法第172條第4項之規定，召集通知或公告應載明召集事由，且同條第5項規定，選任或解任董事、監察人、變更章程、公司解散、合併、分割或第185條第1項各款之事項，應在召集事由中列舉，不得以臨時動議提出。惟有疑義者，係所謂「載明召集事由」應記載至何種程度，實務見解認為，公司法第172條第4項之規定意旨，係指以變更章程為召集事由者，應於召集通知之召集事由中列舉，未載明者，不得以臨時動議提出之意，非謂應將擬修正之章程條項詳列[5]。似認為不須於召集通知或公告具體說明議案之內容，而僅須列舉即為適法。惟學說多數見解認為公司法第172條第4項規定召集通知或公告應載明召集事由之立法目的，是為使股東參與股東會決議之前，對議案充分瞭解並經考慮，故仍宜具體說明議案之內容[6]。

---

[5]　最高法院72年度台上字第113號判決。
[6]　劉連煜，現代公司法，元照出版社，2011年，7版，頁321-322。

問題 **13** 股票電子化（無實體股票）對股東會召集實務上有何影響？

要點！

- 股票電子化（無實體股票）與股東會召集手續。

參考條文

　　公司法第162條、第162條之2及第164條；證券交易法第8條及第43條；公開發行股票公司股務處理準則第41條。

※相關問題：問題16。

說 明

一、股票之發行可分為實體發行及無實體發行。所謂實體發行，係指實體股票依公司法第162條之規定載明應記載事項後，依第164條之方式轉讓予股東而言。所謂無實體發行，公司法於民國90年增訂[7]第162條之2，規定公開發行股票之公司，其發行之股份得免印製股票，且應洽證券集中保管事業機構登錄。又依證券交易法第8條之規定，帳簿劃撥方式交付有價證券得不印製實體有價證券，以及第43條第2項規定，證券集中保管事業保管之有價證券，其買賣之交割，得以帳簿劃撥方式為之。

二、無紙化、無實體化或稱電子化之優點，係利用電子作業平台及網路之特性，簡化通知作業、有效控管作業進度及提高作業效率[8]。實務運作上，有價證券全面無紙化對證券商與發行公司而言，因股票實體與無實體並存而須要維持雙軌運作，耗費極大的作業成本，故全面無實體化的推動正可解決業者經營上的負擔與社會成本。因此金管會推動我國有價證券全面無紙化，集保結算所亦已擬具推動計畫、收費優惠及轉換作業簡化等配套措施，積極推動有價證券全面無紙化[9]。

三、股票電子化對股東會召集實務上之影響，股東會之召集係對股東為之，而該人是否具股東身分，以股東名簿所載為準，若為實體發行，於停止過戶日前股票過戶之行為仍舊得隨時為之；惟若係無實體發行，則尚需配合發行公司、集保機構間之作業流程，公開發行股票公司股務處理準則第41條第2項規定，股票已在證券交易所上市或在證券商營業處所買賣者，公司應於規定期限內，將停止過戶原因及期間，通知證券交易所或證券櫃檯買賣中心，以及證券集中保管事業。

---

7 2001年11月12日總統（90）華總一義字第9000218920號令。

8 臺灣集中保管結算所，發行公司停止過戶資料通知電子化作業說明，2008年，頁2。

9 TaiwanNews，我國有價證券民國101年底將進入全面無紙化時代，2009年2月3日載於http://www.taiwannews.com.tw/etn/news_content.php?id=1123014（最後瀏覽日期：2016/9/27）。

以我國集中保管結算所之作業程序為例，上市、上櫃及興櫃公司以電子化方式，將辦理停止過戶證券之原因及期間等相關資料，經主管確認後通知結算所。發行公司應備有臺灣網路認證公司發行之電子憑證（Certificate Authority, CA），以網際網路方式至結算所網站登入「股務電子化作業系統」辦理。且發行公司應於停止過戶日起日前8個營業日前完成資料輸入作業，經結算所通知未依上述期限輸入資料者，應於停止過戶日起日前4個營業日下午5時30分前完成資料補正作業，逾期須向集保結算所申請放行[10]。簡言之，於停止過戶日前，無實體化發行股票因作業之需求，仍須配合集保機構之作業流程，股份始得有效轉讓，受讓人欲藉由受讓股票成為股東，於無實體化發行之股票，與傳統實體發行之轉讓方式大不相同。

---

[10] 同前註，頁3-6。

問題 14 股東常會的開會日如何決定？

要點！

- 眾多公司集中於同一日召開股東常會，是否具有違法性？
- 有否應當避免之日期。
- 得否與去年開會相隔過久。

參考條文

公司法第170條及第189條。

※相關問題：問題12。

說　明

一、按公司法第170條之規定，股東常會之召開應於每會計年度終了後六個月內爲之。對於公司股東常會召開日期本於公司自治的原則，並不多加限制，公司僅需於會計年度六個月內召集之，而開會日的選擇公司法未多加干涉。

二、股東會之出席權係股東之固有權限，並藉由參與股東會決定公司重要議案，瞭解、承認公司財務狀況，並對公司經營方向提出建議。股東常會期日之選擇固然爲董事會之權限，然而非漫無限制，應立於股東之最大利益。若公司積極阻擾股東出席股東會，與不通知股東出席股東會相同，皆屬妨礙股東參與股東會之召集程序瑕疵，股東得訴請法院撤銷股東會。當眾多公司集中於同一日召開股東常會，董事會已得預見多數股東將無法出席股東常會，在得選擇其他不衝突的期日下，仍執意選擇與眾多公司同日召開股東常會，顯然侵害股東之固有權，而有股東會召集程序之瑕疵，股東得訴請法院撤銷之。

三、股東會爲公司最高意思機關，公司之重要決策應通過股東會之決議，且董事會受決議內容之拘束。股東會係屬會議體，必須由全體股東組成會議，始得行使職權。據此股東出席股東會，行使股東會職權，對公司而言相當重要。董事會選擇股東會期日時，應優先考量如何使最多數股東得出席股東會，如果事前能預見某些期日部分股東不克出席，在不妨礙公司營運的情況下，應儘量避免，例如傳統節日。

問題 **15** 股東會之召開與基準日關係如何？

要點！

* 公司法基準日之規定。
* 基準日後取得股分之股東得否行使表決權？

參考條文

公司法第165條。

※相關問題：問題12。

說　明

一、基準日係指公司爲確定記名股東身分，以利股東會之籌備，故設定基準日期，於基準日期前取得股票之記名股東，有參加股東會之權利。惟基準日後始取得股票之股東，按公司法第165條之規定，於基準日後公司不得爲股東名簿記載之變更，且未於公司股東名簿變更登記之股東，不得以其持有股票對抗公司，故基準日後取得股票之股東並無出席股東會之權利，亦無股東會表決權。

二、基準日後取得股票之股東，與股東會表決之議案具有利害關係；反之，基準日後讓與股票之原股東，雖然有股東會出席權與表決權，但無論股東會的結論如何，其權利義務關係實質上並不受影響，造成讓與之一方有權無責，受讓之一方有責無權的現象。

三、原股東之股東權，並非來自於受讓股東之授權，而是來自於公司法基準日之規定。且受讓股東於取得股票時，已明知取得之股票並無法行使股東會，股票權利上之瑕疵在交易前已可預見，故在雙方無特別約定的情況下，受讓股東不得行使表決權。從而本書建議受讓股東如欲在基準日後行使股東權，應在買賣股票契約中，約定股東權委託書之條款，以原股東授予委託書之方式，行使股東權。

問題 **16** # 召集股東會的手續爲何？

要點！

• 召集手續概要。

參考條文

公司法第172條及第185條。

※相關問題：問題12。

說　明

一、股東會為會議機關，權限之行使必須由全體成員組持之會議，始得為
　　之。召開會議所必需之程序，即為股東會之召集。股東會之召集權
　　人，亦即董事會應依法定程序為之。包含召集之時期、通知之方式與
　　召集通知的記載。

二、股東會召集之時期，依公司法第172條第3項規定，首先區別公開發行
　　與非公開發行公司，接著按股東會類型分為股東常會與股東臨時會，
　　再依照股票性質分為記名股票與非記名股票。其中公開發行公司所召
　　開股東常會之持有記名股票股東，應於三十日前通知，而持有非記名
　　股票股東，則應於四十五日前公告之；又公開發行公司之股東臨時
　　會，公司應於開會日十五日前通知記名股東，於三十日前公告予非記
　　名股東。至於非公開發行公司所召開之股東常會，須於開會日二十日
　　前通知記名股東，三十日前公告予非記名股東；而非公開發行公司所
　　召集之股東臨時會，則應於十日前通知記名股東，十五日前公告予非
　　記名股東。

三、公司通知或公告股東會召開之方式，按公司法第172條第4項，原則應
　　以書面為之，並載明召集事由。然而通知經股東同意後，得改以電
　　子方式通知。股東會召集通知之記載，依公司法第172條第5項，若有
　　選、解任董監事、監察人，變更章程、公司解散、合併、分割或公司
　　法第185條所列舉之公司重大營業變更事項，應在召集事由中列舉。

 問題 *17* **WEB開示制度是怎麼樣的制度，與電子通知、電子公告有何區別？**

要點！

- WEB開示制度：是根據公司章程的規定，與股東大會的召集通知一起，在網站主頁上刊載，爲股東提供一部分的資料事項，哪個主頁的網址要向股東通知，哪些提供的事項是制度已規範必須要向股東揭露的。[11]
- 電子通知制度：通知及公告應載明召集事由；其通知經相對人同意者，得以電子方式爲之（公司法第172條第4項）。
- 電子公告制度：公開發行股票之公司股東常會之召集，應於三十日前通知各股東，對於持有無記名股票者，應於四十五日前公告之；公開發行股票之公司股東臨時會之召集，應於十五日前通知各股東，對於持有無記名股票者，應於三十日前公告之（公司法第172條第3項）。

參考條文

公司法第172條；證交法第26條之2[12]；公開發行公司股東會議事手

---

[11] WEB開示制度とは、定款の定めにより、株主総会の招集通知とともに株主に提供すべき資料の一部の事項をホームページに掲載し、かつ、そのホームページのアドレスを株主に通知することにより、それらの事項が株主に提供されたものとみなす制度です（日本会社法施行規則94条1項、133条3項、会社計算規則161条4項、162条4項）。

[12] 證券交易法第26條之2：「已依本法發行股票之公司，對於持有記名股票未滿一千股股東，其

冊應行記載及遵行事項辦法第5條[13]、「○○股份有限公司股東會議事規則」參考範例第3條第2項[14]。

※相關問題：問題22。

股東常會之召集通知得於開會三十日前；股東臨時會之召集通知得於開會十五日前，以公告方式為之。」

[13] 行政院金融監督管理委員會所公布之公開發行公司股東會議事手冊應行記載及遵行事項辦法第5條：「公司應於股東常會開會三十日前或股東臨時會開會十五日前，將股東會開會通知書、委託書用紙、有關承認案、討論案、選任或解任董事、監察人事項等各項議案之案由及說明資料製作成電子檔案傳送至公開資訊觀測站。公司股東會採行書面行使表決權者，並應將前項資料及書面行使表決權用紙，併同寄送給股東。」

[14] 臺灣證券交易所股份有限公司所公布之「○○股份有限公司股東會議事規則」參考範例第3條第2項：「本公司應於股東常會開會三十日前或股東臨時會開會十五日前，將股東會開會通知書、委託書用紙、有關承認案、討論案、選任或解任董事、監察人事項等各項議案之案由及說明資料製作成電子檔案傳送至公開資訊觀測站。並於股東常會開會二十一日前或股東臨時會開會十五日前，將股東會議事手冊及會議補充資料，製作電子檔案傳送至公開資訊觀測站。股東會開會十五日前，備妥當次股東會議事手冊及會議補充資料，供股東隨時索閱，並陳列於公司及其股務代理機構，且應於股東會現場發放。」

說　明

一、日本的WEB開示制度主要規範理由是爲可以減少對股東書面的提供、大幅減少股東會召集的費用。與我國電子通知制度之立法理由相似，只是操作方式上不太相同，WEB開示制度反而與我國的電子公告制度有類似之處。

二、公司法第172條第4項電子通知之立法理由：「爲因應電子科技之進步，節省現行公司以書面進行通知事務之成本，股東會召集之通知，得依電子簽章法規定，經相對人同意，以電子方式爲之，爰修正第四項。」

三、我國電子公告制度：由於歷年不斷增資配股，致持有公開發行公司記名股票不滿一千股的股東人數眾多，向眾多零股股東掛號郵寄開會通知書將造成其人力、物力重大負擔，爲免除發行公司之負荷，證券交易法第26條之2規定，發行公司對於持有記名股票未滿一千股股東，得於股東常會開會三十日前或股東臨時會開會十五日前，以公告方式代替通知。[15]

四、電子公告制度之施行程序：對於公司法第172條、證券交易法第26條之2等有關公告規定之補充，以公開發行公司股東會議事手冊應行記載及遵行事項辦法第5條規定，公司應於股東常會開會三十日前或股東臨時會開會十五日前，將股東會開會通知書、委託書用紙、有關承認案、討論案、選任或解任董事、監察人事項等各項議案之案由及說明資料製作成電子檔案傳送至公開資訊觀測站。

---

[15] 臺灣證券交易所股份有限公司所公布之上市公司及其董事、監察人與大股東應行注意之證券市場規範事項。

問題 **18** **股東會開會準備之一環，事先預演有此必要否？有何應注意事項？**

要點！

· 股東會事前預演程序。

參考條文

公司法第172條之1及第189條。

※相關問題：問題19。

說　明

一、股東會開會前之預先演練，除能使正式議事順利進行外，亦能防免別有用心之職業股東，擾亂議事程序之進行或藉開會程序瑕疵要脅事後公司業務之執行，而得謂有事先準備之必要。

二、所謂職業股東係指意圖為自己或第三人之不法利益，以直接或間接行使股東權之方式獲取之人。其常穿梭在各個股東會中，濫用股東發言權、股東提案權（公司法第172條之1），提出與公司經營方向不同之議案或討論方向，延宕議事進行；抑或挑出公司開會程序瑕疵（如反面表決）等，要脅公司支付費用，否則即提起訴訟手段撤銷決議（公司法第189條），影響後續公司業務之執行。

三、是故，透過開會前之預演，掌握可決股數之門檻後，整理出所欲通過之討論議案，並及早因應職業股東之問題，使議案方向或新議題能儘速明確處理，避免股東會開會時間冗長，甚有無法達成最終共識之虞。

問題 **19** 股東會開會準備之一環，事先制定預想問題集有此必要否？制定內容應考慮事項有哪些？

要點！

• 股東會事前問題集制定。

參考條文

　　○○股份有限公司議事規則全文。

※相關問題：問題18。

說　明

一、預想問題集之制定，使股東或投資人能事前清楚瞭解公司業務內容、議事程序進行是否合法或其他股東會開會細節性、技術性事項等，使公司毋庸於實際開會中，再為個別地回覆，加快議事程序之進行。

二、以我國台塑關係企業為例，於網站設置投資人問答集，就股東會開會程序事宜為明文制定，如股東會通知書上出席證的印章，是否須與原留印鑑相同？[16]藉事前公告使疑慮獲解決，免於開會進行中，探討問題之答案。

三、此外，於臺灣證券交易所依「○○股份有限公司議事規則」，設有股份有限公司股東會議事規則問答集為範本資料，供公司參考。如股東得否自備麥克風發言？[17]等細節性事項提供一定問題解決，免阻擾公司議事進行。

---

[16] 股東向公司辦理股票事務或行使其他有關權利，凡以書面為之者，均應加原存印鑑。惟出席證及委託書能辨識本人簽名，則可以簽名成立。

[17] 股東非以公司配置之設備發言時，主席得制止之（議事規則第17條）。

第三章

股東會召集通知

問題 **20** **股東會開會目的事項應如何記載？**

要點！

- 開會目的事項即是開會之「議題」，記載內容之程度如何？與「議案」如何區別？
- 公司提出董事提名議案，議題僅記載「董事選任事項」有否問題？又議題「董事選任5名事項」之記載，但當股東會只選出4名，則議題記載有否問題？

參考條文

　　公司法第13條、第170條、第172條、第173條、第185條、第240條及第241條。

※相關問題：問題23、問題24。

說　明

一、何謂議題？何謂議案？在我國之公司法並無明確的區分，而此區別有
　　其實益存在。公司法第172條第4項規定，股東會之召集通知及公告應
　　載明召集事由；其通知經相對人同意者，得以電子方式爲之。此條文
　　之目的在於讓股東得以決定是否出席股東會。蓋股東出席股東會乃其
　　權利，而非義務，既然如此，即有必要讓股東得以事先知悉開會之內
　　容，以便決定是否要出席行使股東權，因此「突襲性的議題」即有禁
　　止之必要，然而，公司法又承認「臨時動議」的存在，這不就違反
　　「突襲禁止」之原則了嗎？反過來說，如果只要是造成突襲的內容，
　　都不能在股東會提出來，那開這個股東會又有何意義？難道股東完全
　　就只能從董事會所列舉的議案做選擇？那麼這其中的區別在哪裡、又
　　該如何調和？因此「議題」與「議案」之區別，就有其實益存在。倘
　　若無議題或議案之概念，則依公司法第172條第5項之規定：「選任或
　　解任董事、監察人、變更章程、公司解散、合併、分割或第185條第1
　　項各款之事項，應在召集事由中列舉，不得以臨時動議提出。」，常
　　會被認爲依其反面解釋，除公司法第172條第5項規定所禁止臨時動議
　　之事項外，什麼都可以臨時動議，什麼議題都可以提，如此解釋容有
　　未洽。本書以下將介紹「議題」和「議案」之區別，以及後續之修法
　　建議。
　　所謂開會之「議題」，即是「開會之目的」，詳言之，股東會開會
　　之目的甚多，只要是股東會之權限事項，均可能會是股東會的開會
　　目的，例如：有可能是要討論公司法第172條第5項之「變更章程」、
　　「選任董（監）事」、「解任董（監）事」、「公司解散（或合
　　併、分割）事項」、「公司法第185條第1項之各款事項」，又或者
　　欲討論「公司法第13條之轉投資事項」、「第240條以發行新股分派
　　股利」、「第241條之法定盈餘公積發配新股或現金」等，這些事項
　　都會是股東會開會之「議題」，因此，議題就會是一個「開放式的

題目」。議題之記載內容，如上述之「變更章程」議題，僅需記載「變更章程」這四個字就可以了，因為所謂的「議題」之功能，就是要讓大家瞭解這一次開會的目的為何，因此，裡面不會告訴股東要變更哪一條章程，也不會告訴股東為何這一條有被拿出來檢討之必要，僅概括、開放式的記載開會之目的即可，是以，議題記載之內容程度必須是「開放式的問題」，不可以是封閉式的「議案」。而同一次開會同時有多個目的並無不可，因此議題並非僅能有一個。

所謂的「議案」，就是在議題底下的各個提案，例如在「變更章程」之議題下，可以提出各種變更章程之具體議案，例如，第一個議案為：「將章程第13條之本公司設董事3人，監察人1人，任期三年，由股東會就有行為能力之人選任，連選得連任之規定，變更為本公司設董事9人，監察人3人，任期三年，由股東會就有行為能力之人選任，連選得連任。」。此時，第二個議案可能會是「將章程第13條之本公司設董事3人，監察人1人，任期三年，由股東會就有行為能力之人選任，連選得連任之規定，變更為本公司設董事5人，監察人1人，任期三年，由股東會就有行為能力之人選任，連選得連任。」；又或者是「將章程第6條之本公司股票概為記名式，由董事3人以上簽名或蓋章，經依法簽證後發行之，變更為本公司股票得為記名式或無記名式，由董事3人以上簽名或蓋章，經依法簽證後發行之。」。由上述舉例之「議案」可知，議案之內容必須具體明確，如此方可發揮讓股東得提前思考、準備資訊，以便做出決議，及讓決議之內容特定之功能。

二、公司提出董事提名議案，議題僅記載「董事選任事項」有否問題？

在此應思考者為：董事選任之議題到底要不要載明到「董事選任『5名』事項」？抑或議題僅需載明「董事選任事項」即可？由上述說明可知，議題之功能在於讓人明瞭「開會之目的」為何，只要已經達到此一目的，則議題之記載並無問題。至於議題若進一步載明「董事選任『5名』事項」可否，在此要思考者厥為：倘若議題之記載已經具

體到答案僅能是「支持與否」，則應認此議題已經太過狹隘，無異讓人懷疑公司派的董事會以窄化議題之方式，限縮其他議案存在之可能性，易遭致他人以任意操縱議題之方式，達到不允許其他議案提出之目的，當非允當，因此，議題必須是開放式的始可。回到「董事選任『5名』事項」之議題，因此一議題足以達到載明開會目的之功能，且選任5名董事人數之議題，並非已將選任何人納入議題之中，造成股東只能投下「支持與否」，而無其他選擇，是以，此一議題之記載亦無問題（但議題仍應愈開放愈好）。茲有附言者，乃在「董事選任事項」之議題下，董事提名之「議案」之記載，至少應使股東得以明瞭所提名之具體董事爲何人始可。

三、議題「董事選任5名事項」之記載，但當股東會只選出4名，則議題記載有否問題？此一問題涉及到議題之拘束性問題，換言之，議題可否拘束議案，使議案內容均須符合議題始可？在此應思考者爲，股東因人數眾多，因此股東會之開會通知需載明召集事由，目的是要讓股東得以知曉這次開會的「議題及既存之議案」，以便股東得自由決定出席與否（蓋出席爲股東之權利，並非義務），以及先行蒐集資訊，有充足時間研究該議題及議案，以便做出對公司最有利之決定。因此，在此前提下，議題既然已經載明「董事選任」，則議案自然不能與議題不符，突然間出現一個議案叫做「是否解任某某監察人」是不允許的，故議案自然須受到議題之拘束。然而，此一議題拘束力，亦僅及於控制議案不能超脫開會之目的。申言之，議題之記載若「過於詳盡」，則「過於詳盡」之部分並無拘束議案之效力。以選任董事之議題而言，重點是讓人知道選任董事之開會目的即可，至於要選任幾名董事，乃至於具體要選任何人，核屬議案之範疇，議題所記載之「董事選任『5名』事項」中之「5名」記載，雖未具體到答案僅能是「支持與否」，而得爲如此之記載，但是記載「過於詳盡」之「5名」部分，並不能拘束議案，否則，亦衍生召集權人藉由控制議題之方式，達到其控制開會結果之目的，並不妥適。

四、綜上所述，議題之記載應是愈簡略愈好，而議案之記載則相反，必須愈詳盡愈好。而不論「議題」與「既存的議案」，均須一併通知股東。而回過頭來檢視一下公司法第172條第5項之規定：「選任或解任董事、監察人、變更章程、公司解散、合併、分割或第185條第1項各款之事項，應在召集事由中列舉，不得以臨時動議提出。」本條項所規定不得以臨時動議提出的事項，全部都是在講「議題」，但是倘若有「議題」與「議案」之概念的話，就可以知道本來「議題」就不能在臨時動議提出，能在臨時動議提出的就只有議題底下的「議案」，因此這一條規定容易掛一漏萬，試想公司股東會臨時動議要新增一個議題：「公司轉投資事項」，並提出議案「轉投資A公司超過本公司實收股本百分之四十之議案」，事後經表決通過，這樣不就造成對未出席股東的突襲了嗎？但是在現行的公司法下卻又合法，當然有所不當。而第172條第5項之規定，亦容易被以反面解釋的方式，認為其他的「議題」、「議案」全部都可以臨時動議提出，這怎麼得了！是以，公司法第172條第5項之規定，本書建議可以修正為：「股東會開會之議題，應在召集事由中列舉，不得以臨時動議提出。但議題下之議案，不在此限。」

問題 *21* 如何變更股東會開會日期？

要點！

• 召集通知發送後，開會日前，可否變更日期？手續如何？如股東會開會取消或開會延期是否可行？

參考條文

公司法第170條、第172條及第182條；證券交易法第36條。

※ 相關問題：問題12、問題14～16、問題60～61。

說　明

一、召集通知發出後，又要變更開會日期，應否准許，有二大應考量之因素：首先是必須變更日期的原因爲何？申言之，不能是董事個人之原因或私事而延期（例如因董事要出國旅遊），而必須是因不可抗力或事變等董事會無過失之事由或其他正當事由才能延期。舉例而言，當天恰逢颱風來襲而停止上班上課，抑或於開會前公司發生大火等因素。[1]第二個應考量的因素就是「開會之日期」必須符合公司法之規定，依公司法第172條之規定：股東常會之召集，應於二十日前通知各股東，對於持有無記名股票者，應於三十日前公告之（第1項）。股東臨時會之召集，應於十日前通知各股東，對於持有無記名股票者，應於十五日前公告之（第2項）。公開發行股票之公司股東常會之召集，應於三十日前通知各股東，對於持有無記名股票者，應於四十五日前公告之；公開發行股票之公司股東臨時會之召集，應於十五日前通知各股東，對於持有無記名股票者，應於三十日前公告之（第3項）。另依公司法第182條規定：股東會決議在五日內延期或續行集會，不適用第172條之規定。

二、而開會日期之變更涉及到原定期日會議之取消，以及新的會議期日之擇定，就原定會議之取消而言，公司法並未公定取消會議之通知程序，因此臨時取消會議只要事由正當，並無不可；惟就新定之期日而言，又可分爲提前開會與延期開會，如係提前開會，則其開會通知亦須符合上開公司法第172條之規定期限內通知各股東（因爲期限更短了）；如係延期開會，則應思考者爲：既然之前已經通知過議題跟議

---

[1] 經濟部2014年7月24日經商字第10302074720號函釋亦同此意旨：依公司法第170條第2項規定：「前項股東常會應於每會計年度終了後六個月內召開。但有正當事由經報請主管機關核准者，不在此限。」按此處所稱「正當事由」，應由主管機關本於客觀合理判斷，以爲裁量，例如遭遇天災，非可歸責於當事人之事由，以致無法如期召開（臺灣臺北高等行政法院97年度訴字第289號判決、最高行政法院99年度判字第748號判決參照）。

案之內容，則延期開會，對於各股東而言，應該是不用擔心準備不周的問題，此時，是否可以允許不受公司法第172條之限制？本書以為，開會期日之提前通知，除了讓股東可以準備外，尚有保障各股東之「期限利益」存在，換言之，股東可能為了在該日期能順利出席，必須預先規劃其行程、預先訂購機票等，若延期開會之通知，股東收到後發現竟然隔天就要開會了，無異是對股東的突襲，因此，本書採取較保守之看法，延期開會之通知仍須符合公司法第172條之規定為宜。通知之程序上則請參考前述第二章之說明，於此不贅。

三、另依公司法第170條第2項之規定：「前項股東常會應於每會計年度終了後六個月內召開[2]。但有正當事由經報請主管機關核准者，不在此限。」是以倘若延期開會將超逾會計年度終了後六個月，則必須有正當事由，且經報請主管機關核准始可。[3]惟若為公開發行股票之公司，則依證券交易法第36條第7項規定：「股票已在證券交易所上市或於證券商營業處所買賣之公司股東常會，應於每年會計年度終了後六個月內召開；不適用公司法第172條第2項但書規定。」為上開公司法第172條第2項之特別規定，應併予注意。

---

[2] 經濟部2009年10月21日經商字第09800677070號函釋：按公司法第170條第2項已於2001年11月12日修正為：「前項股東常會應於每會計年度終了後六個月內召開……」，由原來之「召集」修正為「召開」，其修正意旨在於股東常會應於每會計年度終了後六個月內「召集開會」。準此，採曆年制股份有限公司，其股東常會應於6月底前召開。本部86年8月14日商字86214471號函釋，係修法前所為，於修法後應不再援用。」

[3] 經濟部2002年7月15日商字第09102141900號函釋：「按公司法第170條第2項規範之意旨在於股東常會應於每會計年度終了後六個月內『召集開會』，倘董事已於法定期間內依法定程序召開股東會，因出席股東不足決議之定額而流會，尚無違反前揭規定。上市公司遇此情形，除證券法規另有特別規定外，得由董事會擇期另行集會，無須報請主管機關核准。」則為例外之情形。

問題 **22** ## 股東會開會通知可否採用電子化方式辦理？

要點！

• 開會通知電子化已被承認，公司實務如何對應（操作）？

參考條文

公司法第172條。

※相關問題：問題81。

說　明

一、公司法第172條第4項規定：「通知及公告應載明召集事由；其通知經
相對人同意者，得以電子方式爲之。」考其立法理由爲：「……二、
爲因應電子科技之進步，節省現行公司以書面進行通知事務之成本，
股東會召集之通知，得依電子簽章法規定，經相對人同意，以電子方
式爲之，爰修正第4項。……」是依上揭規定可知，公司實務上對於
開會通知以電子方式爲之，須遵守兩大原則：

（一）必須經相對人同意：此乃對於相對人（即股東）之程序保
障，避免股東在不知情之下，被以「電子方式」通知，造成
實際上該股東並不知悉股東會之召開，而損害其參與股東會
之權利。而「同意」之方式，爲免日後爭議，以「能留下紀
錄之方式」同意爲宜，例如書面同意或電子同意（如：上網
登錄）。另外，就同意之內容，必須含括提供其所同意之方
式及帳號，諸如：同意以電子郵件之方式通知須同時提供其
電子郵件帳號、同意以手機簡訊之方式爲通知須同時提供手
機號碼等。

（二）須遵守電子簽章法之規定：自立法理由觀之，可知以電子方
式爲通知者，自應遵守電子簽章法之規定。而依電子簽章法
第4條之規定：「經相對人同意者，得以電子文件爲表示方法
（第1項）。依法令規定應以書面爲之者，如其內容可完整呈
現，並可於日後取出供查驗者，經相對人同意，得以電子文
件爲之（第2項）。前二項規定得依法令或行政機關之公告，
排除其適用或就其應用技術與程序另爲規定。但就應用技術
與程序所爲之規定，應公平、合理，並不得爲無正當理由之
差別待遇（第3項）。」

是以，股東會之召集通知既應「載明」召集事由，本應以書面
之方式爲通知或公告，但因應現今電子科技之進步，以電子方

式公告或通知，可達節省成本、通知迅速之目的，因此以電子方式通知召開股東會之規定，自應予以肯定。惟依上開電子簽章法第4條第2項之規定，其內容必須完整呈現，且可供日後取出、查驗始可。

二、在取得股東同意後，公司實務上之操作，可透過手機簡訊、電子郵件、LINE通訊軟體或其他適當之方式為通知，而上開方式均可透過擷取畫面、列印等方式取出供查驗，亦得完整呈現書面之內容。是僅要合乎上揭規範之電子通知方式，自無不可。至於公告之方式，典型之做法則為公告於公司網站，其他諸如公告於其他電子通訊軟體之方式，均無不可，惟公司必須將電子公告之網址告知同意電子方式之股東，自屬當然。

問題 *23* 可否撤回股東會之議題？又已通知之議案，可以做修正嗎？

要點！

- 併購某公司之議題發出通知後，機關投資家反對激烈，通過可能性極低，公司可否撤回議題之提案？
- 選任董事A之議案，提案後A董事候選人突然死亡，公司應如何對應，可否替換候補人？

參考條文

公司法第172條、第182條。

※相關問題：問題20、問題82～86。

說　明

一、議題與議案間之關係，業經說明如前（請參考問題20），而開會之議
　　題經發送通知給各股東後，究竟公司可否撤回該議題，首先應思考者
　　為：開會之議題即為開會之目的，若議題經撤回，那這個會還要開
　　嗎？因此，股東會在議題單一的情況下，撤回議題形同撤回開股東
　　會，當然，一次股東會可能可以有好幾個議題，撤回一個議題，還有
　　其他議題可以討論，然無論如何，均應面對的問題是，為何要允許議
　　題之撤回？又或者為何議題一經提出就不能撤回？

　　　欲解決此一問題，首應思考：若允許一個議題發出通知後得任意撤
　　回，有何弊端？答案就是會有遭公司董事會之多數任意操縱議題之
　　虞，就如同本題設立之問題，公司董事會議題及議案發出後，可以想
　　見的是公司董事會之多數意欲使這個議題或議案在股東會通過，否
　　則，如果通過可能性極低，或董事會根本就不想讓這個議題及議案
　　通過，那董事會之多數可能也沒有提出這個議題給股東會討論的必
　　要，那董事會提出這個議題，可能就是不知道股東會的想法，當議題
　　發出後得到的反饋是極力的否定，若允許公司（董事會）任意撤回對
　　其不利之議題，形同由公司派任意操縱股東會的言論，會有相應之弊
　　端，況且，議題能否通過，本即開會之目的，當無使公司董事會得見
　　風轉舵，迴避對其不利之結果通過之必要。又，撤回議題亦難以想像
　　有何正當理由，是以，允許公司撤回議題之正當性，甚為薄弱。

　　　反之，若不允許撤回議題，則有何弊端？這個弊端可能會在於經濟層
　　面上的耗費，假設一個議題絕對沒有通過的可能性，則有何花費時
　　間、費用提出於股東會討論之必要性呢？但是別忘了，這個開會通
　　知及相關資料已經寄出，撤回難道不也需要耗費相關行政成本？另
　　外，股東會並未被取消而仍須召開，時間上的浪費應非甚鉅，況且誰
　　又能保證通過股東會之討論之後，結果不會出乎大家的意料之外？因
　　此，兩相比較後，應以否定議題或議案得撤回之見解較為可採。

下一個問題是，要不要容許有例外狀況呢？本書認爲，可以有下列兩種例外情形：（一）召集通知發送前，可以允許董事會撤回。（二）召集通知發送後，承前所述，不可任意撤回，除非股東會同意撤回。分述如下：

（一）在召集通知發送前，董事會本即得隨時加開董事會變更多數之意見，況尚未以公司之名義對外爲開股東會及召集事由之意思表示，公司內部決策尚難謂已作成，此時一來沒有董事會多數測風向後見風轉舵之操縱疑慮，二來尚未對外發出通知，亦無經濟上勞費之疑慮，是認無限制之理。

（二）在召集通知發送後，倘若股東會多數已同意撤回該議題，則可免除上開董事會操縱議題之疑慮，且大家已決定不討論該議題，亦可節省細部逐一表決議案或討論之時間。然而倘若有股東已先行透過書面或電子投票，則應將該股東之股份均記入出席數，且在表決是否撤回該議題或議案時，應逕將已先行投票之股份數記入否定撤回之票數，如此才可兼及保障已行使電子或書面投票之股東權益。

二、選任董事A之議案，提案後A董事候選人突然死亡，公司應如何對應，可否替換候補人？這個問題就涉及到了議案之修正，候選人已死亡，當然是絕對的沒有再繼續討論此「議案」之必要，因此，議案之修正（或撤回）是勢在必行。但是要考慮的問題是，臨時修正議案，是否對股東造成突襲？抑或讓股東沒有時間準備新候選人之背景？這個問題亦涉及到臨時動議之容許性，在同一個議題之下，假設原先有三個議案供股東投票，此時是否容許股東以臨時動議之方式在現場題出第四個議案一併交付投票？如果允許，不就一樣涉及對股東突襲之疑慮問題？本書認爲，依照公司法第182條之規定：股東會決議在五日內延期或續行集會，不適用第172條之規定。換言之，股東如果到場發現某董事候選人死亡，在現場提出新候選人之議案，如果大多數股東認爲有難以決定之情形，可以依照本條規定，在五日內延期或續

行集會。況且開會不應是僵化式的，讓股東只能在公司所提出的方案中選擇，允許臨時動議提出議案之方式，毋寧更有助於選賢舉能，且議題並無修正（議題亦不允許修正或以臨時動議之方式提出，以免對未出席之股東造成突襲，詳後述第十一章之說明），因此在議題同一之情況下，對股東造成之突襲相對較小，應無不許修正或新增議案之理，故本書認為此問題應採肯定說，至於要提前通知替換或當場臨時增加議案之方式，均無不可。

又公司法第172條第4項之載明召集事由，雖包含「議題及既存之議案」，然而在此必須說明者為，所謂之召集事由，原應限於「開會之目的」即「議題」，而不包括「議案」，之所以必須連同召集通知之時點所存在之「議案」亦一併通知，係立基於資訊公開、完整揭露，使股東得以更完整準備之理由，簡而言之，「議案」原則上不在「召集事由」之列，但因要開會前，某些議案已業經提出，則本於上開理由，亦應一併通知，但並非表示事後始出現之「點子」（即議案），需受限於事前載明，否則不能納入討論範疇，於此不可不辨。因此，臨時動議提出新議案，是可以的，此部分可參照後述第十一章之說明，於此暫不贅述。

問題 **24** 股東會召集通知因疏忽而有遺漏或錯誤時，有必要修正嗎？

要點！

- 通知發送後，發現股東會參考書類資料、營業報告、決算書類等有必要補充之處，又召集通知書本身有必要補充時，公司如何處理？
- 通知發送後發現股東會參考資料之記載與事實有誤時，有必要修正嗎？

參考條文

公司法第172條、第230條及第231條。

※相關問題：問題20。

說　明

　　召集通知的修正也是涉及到股東會的召集程序問題，在此又可區分為「召集通知本身」之內容有不足或錯誤，與「召集通知所檢附之參考資料」的內容有所不足或錯誤時，應如何處理。又上開內容的不足或錯誤，是否會造成召集通知有瑕疵，而有得撤銷股東會決議之疑慮？若是公司故意提供錯誤資料，藉此誤導股東，則此時應認為一開始的召集通知即不合法，尚非涉及修正之問題，因此下述所討論者，係立基於公司因疏忽而導致的修正，此部分尚可分兩大部分：

一、資料或召集通知書本身有所不足而需補充

　　按公司法第172條僅規定召集通知應於一定之期限之前通知各股東，並且應載明召集事由，因此重點在於召集事由之載明程度及範圍，若已盡此一義務，則無召集通知瑕疵之疑慮。而「召集事由」當係指開會之議題，至於既存之議案或其他參考資料檢附，並非公司法下召集通知所規定之必定要載明之範圍。

　　惟承前所述，開會通知發送時「既存之議案」，立基於資訊公開、完整揭露，使股東得以更完整準備之想法，亦應一併通知股東，本於相同之理由，現有之參考資料不論有利、不利，當然也都要提供予股東參考，若未提供，雖股東會本身之召集通知並無瑕疵，但是對董事個人而言，會有違反公司法第23條之忠實義務責任追究之問題。因此，當公司發現「資料」有不足，可視所發現之時間距離開會之期限長短，自行決定要立即寄送補充資料，抑或於開會當天再予補發，並說明所補發資料之重點供股東明瞭[4]；但若是「召集通知書本身」要補充，除了「議題」部分之補充仍

---

[4] 但依公司法第230條第1項規定：「董事會所造具之各項表冊，提出於股東常會請求承認，經股東常會承認後，董事會應將財務報表及盈餘分派或虧損撥補之決議，分發各股東。」公司

應合乎公司法第172條第1項至第3項之期間及方式之規定者外（以免架空該程序規定，而突襲股東），其餘部分則同資料之補充的做法。

二、股東會參考資料之記載與事實有誤有必要修正嗎？

首先，公司股東會開會通知，公司法僅規定公司必須載明召集事由，但是並未規定公司必須提供參考資料，因此參考資料之提供與否，並不影響開會通知之召集程序合法性，但是若公司本身有對該開會議題之重要資料，不論內容有利或不利，本諸董事之忠實義務，當應提出予股東參酌，而所提出之資料，內容當然必須是正確的資訊始可，然倘公司因疏失而提供錯誤資訊，公司理當有修正資料之必要，以免誤導股東，此時修正之方式可參考上述（一）之做法，且不受限於公司法第172條之通知期限之要求。

茲有附言者，乃股東有義務就股東會之「議題」自行蒐集資料、充足準備之責任，此亦為公司法所規定召集通知應給予股東期限利益及召集事由之意旨，因此，股東自然有加以明辨公司所提供資料之責任，尚難以公司提供錯誤資訊為由，遽認股東會之召集程序有瑕疵，而作為撤銷股東會決議之事由。

法第231條規定：「各項表冊經股東會決議承認後，視為公司已解除董事及監察人之責任；但董事或監察人有不法行為者，不在此限。」在股東會之召集通知，倘若涉及上開表冊之承認者，依上開規定，公司當然負有將所欲提供股東會承認之表冊全部提供予股東之義務，倘若有所不足，當然必定要補充；倘若內容有誤，董事要負虛偽之責，自不待言。

問題 25 股東之表決權行使可否以書面投票？

要點！

• 何謂書面投票制度，我國公司法容許行使否？如何行使？

參考條文

公司法第177條第4項、第177條之1、第177條之2。

※相關問題：問題26、問題81。

說　明

　　所謂書面（或電子）投票制度，係指於股東會開會前，股東即已就其所持有之股份，針對召集通知所載明之「議案」，行使表決權之制度。我國公司法已於民國94年6月22日增訂第177條之1、第177條之2之規定，並於100年6月29日修正，依現行公司法第177條之1第1項前段規定：「公司召開股東會時，得採行以書面或電子方式行使其表決權；其以書面或電子方式行使表決權時，其行使方法應載明於股東會召集通知。」明文肯認書面（或電子）投票制度之存在。

　　其行使方式依公司法第177條之2規定：「股東以書面或電子方式行使表決權者，其意思表示應於股東會開會二日前送達公司，意思表示有重複時，以最先送達者爲準。但聲明撤銷前意思表示者，不在此限（第1項）。股東以書面或電子方式行使表決權後，欲親自出席股東會者，應於股東會開會二日前，以與行使表決權相同之方式撤銷前項行使表決權之意思表示；逾期撤銷者，以書面或電子方式行使之表決權爲準（第2項）。股東以書面或電子方式行使表決權，並以委託書委託代理人出席股東會者，以委託代理人出席行使之表決權爲準（第3項）。」是以，若股東欲以書面（或電子方式）行使表決權，必須在開會二日前以書面之方式送達公司，此部分係採到達主義，以避免股務作業之不便與爭議。

　　又在股東親自以書面行使表決權之情形，若同時有委託代理人出席股東會，此時意思表示若不一致，以何者爲準？依公司法第177條第4項規定：「委託書送達公司後，股東欲親自出席股東會或欲以書面或電子方式行使表決權者，應於股東會開會二日前，以書面向公司爲撤銷委託之通知；逾期撤銷者，以委託代理人出席行使之表決權爲準。」考其立法理由係因實務上，有股東已交付委託書委託代理人出席股東會，於股東會召開當日，受託人已報到並將出席證及選票取走後，股東方親自出席股東會要求當場撤銷委託，造成股務作業之困擾與爭議，亦使得委託書徵求人徵得股數具有不確定性，爲避免股務作業之不便與爭議，股東之委託書送達公

司後，欲親自出席股會時，至遲應於股東會開會前二日撤銷委託（原規定應於開會一日前爲撤銷委託之通知。股東於股東會開會前一日爲撤銷委託之通知，股務作業處理上，時間甚爲緊迫，爰修正第4項，將「開會前一日」修正爲「開會二日前」，以利實務運作），不得於股東會召開當日撤銷委託，其逾期撤銷委託者，以委託代理人出席行使之表決權爲準。並於同項增加規範委託書送達公司後，股東欲以書面或電子方式行使表決權者，亦應於股東會開會二日前，爲撤銷委託之通知。

公司法第177條第4項此一規定並與公司法第177條之2第3項之規定相呼應，而公司法第177條之2第3項之立法理由爲：股東以書面或電子方式行使表決權並以委託書委託代理人出席股東會時，以何者爲準，宜予明定，鑑於股東已委託代理人出席，且亦可能涉及委託書徵求人徵得股數之計算，故以委託代理人出席行使之表決權爲準，爰爲第3項規定。

因此，我國公司法業已肯認書面及電子投票制度，相關行使之規定及意思表示撤回之方式，均詳如上揭規定，惟學說上對我國之上開規定有所批判，請參考本書相關理論系列《公司法基礎理論——股東會篇》第五章第五節。

問題 **26** 電子投票制度下，股東之表決權如何行使？

要點！

- 何謂電子投票制度，我國公司法承認否？如何行使？

參考條文

公司法第177條第4項、第177條之1、第177條之2。

※相關問題：問題25、問題81。

說 明

　　所謂電子投票制度，係指於股東會開會前，股東即已就其所持有之股份，針對召集通知所載明之「議案」，行使表決權之制度，已詳如前述。而電子投票與書面投票最大之不同，顧名思義，在於投票之方式是否以電子方式為之，而所謂電子文件，依電子簽章法第2條第1款之規定：「電子文件：指文字、聲音、圖片、影像、符號或其他資料，以電子或其他以人之知覺無法直接認識之方式，所製成足以表示其用意之紀錄，而供電子處理之用者。」其行使僅要符合電子簽章法所規定之電子文件，並依公司法第177條之1第1項將行使方法載明於股東會召集通知即可。其餘與書面投票制度重複之部分，於此不贅。

第四章

股東提案權

股東行使提案權之際，公司的對應措施如何？

要點！

- 公司董事會應就股東提案權之法定要件進行審查。
- 審查後應於股東會召集通知日前，將處理結果通知提案股東，並將合於規定之議案列於開會通知。對於未列入議案之股東提案，董事會應於股東會說明未列入之理由。

參考條文

　　公司法第165條、第172條、第172條之1及第202條。

※相關問題：問題28、問題29、問題30。

說　明

一、傳統上股東會議案由董事會把持，股東僅能於股東會議提出修正案或臨時動議，有鑑於此，我國公司法於民國94年修正時引進股東一般提案權制度，藉以平衡經營者與股東間之利害關係[1]，確保股東參與經營權利，避免董事會專擅，某種程度上亦可抑制實務上臨時動議權濫用之問題。

　　（一）按公司法第172條之1規定，股東提案權之審查機關為公司之董事會，董事會之審查重點不外乎提案字數、是否於公告受理提案期間內提出、該議案是否為股東會所得決議、提案股東於公司依第165條第2項或第3項停止股票過戶時，持股是否已達百分之一者（或多數股東之股數合計是否已達百分之一者）等。於審查提案內容時，其內容如有涉及人身攻擊或不雅之字句時（如解任董事之提案），公司可否在不違反其原意情形下，酌予修正提案內容之字句後列入議案一節？依經濟部之解釋，於此種情況下，公司法尚無明文規定，具體個案應由公司自行斟酌處理[2]。惟亦有主張，公司不宜對提案加以增減修飾，畢竟提案股東必須自負相關法律責任，法律亦未明白賦予董事會有此項修飾權利[3]。另提案內容應具體，不能只有議題而無議案，提案解任董事，應具體指明「哪位董事」[4]。

　　（二）再者，公司董事會對於股東提案審查後，依公司法第172條之1

---

[1] 王志誠，股東之一般提案權、特別提案權及臨時動議權——最高法院96年度台上字第2000號判決之評釋，月旦法學雜誌，185期，2010年10月，頁210。

[2] 經濟部2006年2月9日經商字第09502402930號函。

[3] 劉連煜，現代公司法，新學林，2014年9月，頁354。

[4] 杜怡靜，從日本之提案權制度反思我國股東提案權以及臨時動議提出權，中原財經法學，第33期，2014年12月，頁7。

第5項，公司應於股東會召集通知日前，將處理結果通知提案股東，並將合於本條規定之議案列於開會通知，若有違反，所為之決議可能構成召集程序違法得撤銷之事由[5]。對於未列入議案之股東提案，董事會應於股東會說明未列入之理由。若董事會違反此規定，依同法第6項，公司負責人將被處新臺幣1萬元以上5萬元以下罰鍰。董事會因有股東提案審查權及對於未列入議案之原因說明義務，故而實務見解認為，非由董事會召集之股東常會，應無股東提案權規定之適用問題[6]。

（三）附帶說明，從股東臨時動議權可知，股東提案權亦應屬股東股東固有權（共益權），只是特別加以明文化，並非法律基於法律政策考量才賦予的權利。但提案權之處理，需要有人負責事務性的處理，故由常態性組織董事會負責。此類事務處理非直接與公司經營決策相關，由董事會負責處理乃權宜措施，與公司決策權分配無關，應與公司法第202條規定區別以觀。

---

[5] 但有反對見解認為，採召集程序違法而得撤銷該次股東會全部決議之作法，將波及無辜，應非可採。林國彬，股東提案權之行使與權利保障之研究——臺灣與美國法制之比較，臺北大學法學論叢，第86期，2013年6月，頁32。

[6] 經濟部2008年12月2日經商字第09402187390號函：「按公司法於94年6月22日修正公布增訂第172條之1，其立法意旨係鑑於公司法第202條規定，公司業務之執行，除公司法或章程規定應由股東會決議之事項外，均應由董事會決議行之，將公司之經營權及決策權，多賦予董事會。如股東無提案權，則許多不得以臨時動議提出之議案，除非董事會於開會通知列入，否則股東無置喙之餘地。為使股東有參與公司經營之機會，爰參考外國立法例，賦予股東提案權。又觀諸其中第4項及第5項規定，業將股東提案之審查權及對於列入議案之原因說明義務，賦予董事會。是以，非由董事長召集之股東常會，尚無公司法第172條之1規定之適用問題。」另參照臺灣高等法院暨所屬法院97年度法律座談會民事類提案第20號決議亦採此解。

問題 28 提案股東的資格有何限制？

要點！

- 依公司法之規定，得行使股東提案權之股東僅限於「持有已發行股份總數百分之一以上股份之股東」，相較於美國，我國公司法並無針對持股期間或需持股持續至股東會開會時等進行限制。
- 「持有已發行股份總數百分之一以上股份」之認定，應不以單一股東持有為必要，亦不以持有「有表決權」之股份為限，以強化股東提案權之落實並提高股東提案之可能性。

參考條文

公司法第165條、第172條、第172條之1及第202條。

※相關問題：問題27。

說 明

一、爲防止投機股東藉機擾亂及濫用提案權,立法者於制定股東提案權此
制度時,即規定僅「持有已發行股份總數百分之一以上股份之股東」
始具有提案資格(公司法第172條之1第1項參照),並無持股期間或
要持股至股東會開會時等限制,另外,亦有學者建議應增加持股達一
定金額者即可提案之規定[7]。總之,於制度引進初期,立法者採取低
度立法應可理解。相較之下,於美國法制下股東提案權之資格規定
(適格性)較爲詳細及嚴格,亦即,依Rule14a-8Question2,必須登
記名義人或受益所有人,並持有已發行有表決權股份總數百分之一以
上或市值達2,000美元以上之有表決權股份,且計算至提案日已繼續
持有達一年期間,並持續持股至股東開會時[8]。

二、就「持有已發行股份總數百分之一以上股份」之認定而言,是否應限
制爲僅限單一股東之持股或多數股東合計持股數到達即可?不論在解
釋上或於實務上,均認爲單一股東要持股達已發行股份總數百分之一
以上係屬不易,爲落實股東提案權係賦予股東對公司經營表達意見之
目的,持股之認定應不以單一股東持有爲必要,合計持有而共同行使
此項提案權亦可。經濟部亦明確表示:「有關公司法所稱『持有已發
行股份總數百分之一以上股份之股東』,並不以單一股東爲限,係包
括數股東持有股份總數之和達百分之一以上之情形。[9]」

三、另外,若「持有已發行股份總數百分之一以上股份」包含無表決權之
股份,應否扣除?不無疑義。有學者主張因無表決權之股東,就股東

---

[7] 馮震宇,從博達案看我國公司治理的未來與問題,月旦法學雜誌第113期,2004年10月,頁
232。

[8] 林國彬,股東提案權之行使與權利保障之研究——臺灣與美國法制之比較,臺灣大學法學論
叢第86期,2013年6月,頁11。

[9] 經濟部2010年6月15日經商字第09902071480號函。

會之決議原無參與權限,允許其得提出股東會之議案,並無實益[10]。惟另有學者主張不應扣除特別股股數,因提案權並不涉及股東會之議決[11],且無表決權之股東僅喪失表決權,仍有出席股東會表達意見之權利。本書以為,若以股東提案權之目的係為使股東得積極參與公司之經營觀之,應無限制僅持有有表決權股份之股東,方得利用此制度,考量之重點似在於傳達股東之意見予公司經營階層,而非股東持股之種類為何。

四、末以,經濟部曾指出:「股東依公司法第172條之1規定,提書面提案並列入議案後,該股東或其他股東於股東常會開會中,提修正案或替代案時,尚毋庸具備持有已發行股份總數百分之一以上股份之要件。[12]」惟如此一來,是否可能使本不具提案資格之股東對於其他符合資格之股東提出之議案有「搭便車」之現象?甚至修正之議案係不屬於股東會所得決議之事項?等均可能產生相關爭議。

---

[10] 林國全,董事會違法拒絕股東提案,臺灣本土法學雜誌第73期,頁128。

[11] 劉連煜,現代公司法,新學林,2014年9月,頁354。

[12] 經濟部2006年2月8日經商字第09502402970號函。

問題 **29** 股東如何行使提案權？行使上有何限制？

要點！

- 就提案權行使期限而言，公司應於股東常會召開前之停止股票過戶日前，公告受理股東之提案、受理處所及受理期間；其受理期間不得少於十日。
- 就提案權行使之書面限制，依法股東所提議案以三百字爲限（依立法理由此三百字含理由及標點符號），且若提案字數超過，亦無補正之機會。

參考條文

公司法第172條之1。

※相關問題：問題27、問題31。

說　明

一、就提案權行使期限及行使方法上書面之限定而言，按公司法第172條之1第2項及第3項規定：「公司應於股東常會召開前之停止股票過戶日前，公告受理股東之提案、受理處所及受理期間；其受理期間不得少於十日。股東所提議案以三百字為限，超過三百字者，該提案不予列入議案；提案股東應親自或委託他人出席股東常會，並參與該項議案討論。」

二、就公司受理期間之認定上，究應採取發信主義或到達主義，或有爭議。參照經濟部之見解，有關股東議案之提出，應採到達主義，亦即，股東之提案應於公司公告受理期間內送達公司公告之受理處所[13]，以利於公司集中審查股東提案。

三、此外，為保障股東提案權之落實，經濟部認為：「按股東提案權係股東固有權，公司違反公司法第172條之1第2項規定，未公告受理提案、受理處所及受理期間，不影響股東提案權之行使，股東仍得於公司寄發股東會開會通知前向公司提出議案。[14]」以避免公司為阻礙股東提案權之行使，而故意未公告受理股東之提案，此見解應屬可採。

四、再者，就三百字之認定上，立法理由謂：「為防止提案過於冗長，且鑑於我國文字三百字已足表達一項議案之內容，特於第3項就提案之字數限制在三百字以內。所稱三百字，包括理由及標點符號。如所提議案字數超過三百字者，該項議案不予列入。」由此顯現，立法引進之初，立法者對於股東提案權制度之謹慎保守態度。以字數而言，美國委託書規則14a-8（Rule14a-8）規定議案及相關說明合計不得超過五百字，如超過五百字，公司必須給予提案股東十四日之時間，削

---

[13] 經濟部2006年4月7日經商字第09502043500號函。

[14] 杜怡靜，從日本之提案權制度反思我國股東提案權以及臨時動議提出權，中原財經法學，第33期，2014年12月，頁7。

減提案字數，俾符合法令要求[15]。相較於我國之立法而言，似較具彈性，而得確保股東提案權，應有參酌立法之必要。至於附件部分，應否包含在內，實務有採肯定見解者[16]，但學說上則有主張附件不必列入股東會之召集事由，應不受字數限制[17]。如果附件（包含圖表）僅在於輔助提案內容的理解，即無列入召集事由內之必要，有助於提案內容之審查，落實股東提案權之實現，又不會過度增加公司事務處理上之負擔，應無納入字數限制計算之必要。

五、附帶一提，公司法第172條之1第1項所謂「以一項為限」，「一項」議案的認定，應視提案內容之性質是否具同一性觀之，並非將數項提案合併提出即可當之[18]。又例如同時追究數名董事責任，則以構成要件事實是否相同為斷[19]。

---

[15] 劉連煜，現代公司法，頁355。

[16] 臺北地院95年度裁全字第6692號裁定參照。

[17] 王志誠，股東之一般提案權、特別提案權及臨時動議權——最高法院96年度台上字第2000號判決之評釋，月旦法學雜誌，185期，2010年10月，頁216。

[18] 杜怡靜，從日本之提案權制度反思我國股東提案權以及臨時動議提出權，中原財經法學，第33期，2014年12月，頁28。

[19] 經濟部2006年經商字第0950202414310號函。

問題 *30* 股東提案之內容有無限制？

要點！

- 關於提案內容之合法性，依法董事會具有審查權限。其中就「議案非股東會所得決議者」應如何解釋，容有爭議。

參考條文

　　公司法第172條之1、第185條、第202條及第317條。

※相關問題：問題31、問題32、問題33、問題34。

說 明

一、於我國，股東所提議案是否合法，董事會有審查權限。按公司法第172條之1第4項規定：「有左列情事之一，股東所提議案，董事會得不列爲議案：一、該議案非股東會所得決議者。二、提案股東於公司依第165條第2項或第3項停止股票過戶時，持股未達百分之一者。三、該議案於公告受理期間外提出者。」針對前開第2款和第3款之事由，由於明顯違反法定條件，理論上應不得賦予董事會裁量權，故董事會應不得將此等提案列爲議案。

二、就前開第1款事由而言，對於何種提案屬於「非股東會所得決議者」，容有疑義。若按公司法第202條規定，除公司法或公司章程規定應由股東會決議之事項外，均應由董事會決議行之。故實際上，股東會所得決議之事項，僅限於公司法或章程有規定之事項而已（如解任董事、變更章程等），範圍受到相當限制。導致美國實務上，常發生的「無拘束力之建議性提案」（如公司應注重環保問題、多僱用身心障礙人士等等），將可能被排除[20]，此類決議雖無拘束董事會之效力，但可使股東對公益性議題提出想法，以使社會對公共性議題凝聚共識，提供公司將其化爲行動之依據，故似不應將股東之提案範圍限定於法定決議事項或章定決議事項[21]。故有學者主張，應將公司法第172條之1第4項第1款爲限縮解釋，就何種議案方屬「非股東會所得決議之議案」，應可解爲：若股東所提議案內容違反法令章程，或提案內容屬於法令章程明文列舉專屬董事會權限者，則董事會即可依據公司法第172條之1第4項第1款規定，將該提案排除於議案之外[22]。

三、有疑問者是，如表決權雖在股東會，但公司法明定由董事會提出者，

---

[20] 劉連煜，現代公司法，新學林，2014年9月，頁355。

[21] 劉連煜，公司社會責任理論與股東提案權，臺灣本土法學雜誌，93期，2007年4月，頁207。

[22] 洪秀芬，董事會獨力經營權及董事注意義務，政大法學評論，第94期，2006年12月，頁226-227。

例如公司法第185條及第317條之情形，此時股東可否透過提案權之行使，提出前開議案？有認為此類重大決定，公司股東往往欠缺專業知識，難以做出明智決定，故將提出權專屬於董事會，加上公司法第202條確立了董事會為公司經營運作之核心，提案權之行使不應侵犯董事會對特定重大事項的提出權，因此認為第172條之1第4項第1款「議案非股東所得決議者」應包括「提出權專屬於董事會之事項」[23]。

---

[23] 邵慶平，論股東會與董事會之權限分配——近年來公司法修正之反思，東吳法律學報，第17卷第3期，頁154-155。

問題 **31** ## 對於股東之連續提案（泡沫提案）應否限制？

要點！

- 於我國法之下就連續提案尚無規範，目前實務上亦無相關爭議產生，理論上若股東就相類似議案一再提出，應加以設限。
- 對於連續提案之限制，判斷其內容實質同一及以期間限制之判斷。

參考條文

公司法第172條之1。

※相關問題：問題29、問題30。

說 明

於我國法之下，尚未就連續提案應如何處置進行規範，基於股東提案權乃股東之固有權限，於法令尚未限制下，似難以禁止股東再次提出相類似之議案。參照日本会社法之規定，同一議案曾提出於股東會，但未獲得全體股東總表決權數十分之一以上，自贊成之日起尚未逾三年者，公司得拒絕該議案之提出。而所謂同一議案，是以其具體案例實質認定是否爲同一議案[24]。另有學者主張，就相類似或相同議案之再次提出，亦應加以設限，以免提案者屢敗屢戰，耗費公司資源[25]。

---

[24] 陳玠儒，從公司治理觀點論股東提案制度，國立臺北大學法律學系，2008年7月，頁57。

[25] 張心悌，股東提案權之省思——兼以代理成本與Arrow定理觀察之，收錄於現代公司法制之新課題——賴英照大法官六秩華誕祝賀論文集，2005年8月，頁307。

問題 **32**　**對於股東之不合法提案以及是否合法尚不明確提案，董事會應如何作說明？**

要點！

• 依法董事會對於未列入議案之股東提案，應於股東會說明未列入之理由。說明之方式，究以口頭或書面，應無限制。

• 關於董事會之說明，應要求全面性，不得僅就部分提案進行說明，以免董事恣意排除合法與否不明確之提案。

參考條文

公司法第172條之1。

※相關問題：問題27、問題30。

說　明

一、按公司法第172條之1第5項：「公司應於股東會召集通知日前，將處
理結果通知提案股東，並將合於本條規定之議案列於開會通知。對於
未列入議案之股東提案，董事會應於股東會說明未列入之理由。」故
對於未列入議案之股東提案，董事會有說明之義務，股東即可知悉董
事會係依據何等理由，不將股東提案列入議案，亦有利於股東提案遭
恣意排除後股東救濟權之行使。就說明之方式應以口頭或書面，法無
明文，應屬公司自治事項。至於是否要將理由列於開會通知中，有學
者提出，若在提案踴躍、提案數太多之情形下，無法在股東會一一說
明，造成或拖延議程，或經營階層敷衍了事之情況，亦需加以考量。
或可考慮透過公司網站或其他公告方式達到說明未列入理由之目的即
可[26]。此外，依公司法第172條之1第6項，若公司負責人違法此項說
明義務，將被處以新臺幣1萬元以上5萬元以下罰鍰。

二、經濟部曾表示：「有關董事會之說明，需否於議事錄表達及表達時需
否全部或部分記載股東提案，允屬公司內部自治事項[27]。」是以，經
濟部對於董事會之說明義務採取較寬鬆之態度，董事會可選擇僅部分
記載股東提案，如此一來，是否與法規範規定董事會「應」於股東會
說明為列入之理由相衝突，不無疑問，且對於股東之資訊取得權亦有
所減損。特別是在提案合法與否不明確時，若無強力要求公司，應就
股東提案未列入之理由詳加說明時，則容易使得董事會恣意排除股東
提案並於審查股東提案時有恃無恐，且其他股東亦無法於開會通知或
議事錄記載中，知悉其他股東曾有此類提案，無法達到可受公評之目
的，實有不妥。故公司法第172條之1第5項後段關於未列入議案之股

---

[26] 劉連煜，現代公司法，頁354；林國全，2005年公司法修正條文解析（上），月旦法學雜誌第
124期，2005年9月，頁280。
[27] 經濟部2006年1月11日經商字第09402204660號函。

東提案，董事會應於股東會說明未列入理由之規定，應更具體規定說明之內容，以避免董事會敷衍了事。

問題 **33** **股東提出公司盈餘分配之相反提案或追加提案應如何處理？**

要點！

- 依公司法之規定，盈餘分派之提出權係屬董事會之專屬權限，股東會僅有承認與否之權利。
- 惟依公司法第172條第4項第1款之反面解釋，董事會似應將盈餘分配之提案列入議案中，故此時即產生盈餘分配之提案權是否僅限於董事會之疑義。

參考條文

公司法第172條之1、第228條及第230條。

※相關問題：問題30。

說　明

一、按公司法第228條及第230條之規定可知，每會計年度終了，董事會應編造盈餘分派或虧損撥補議案，於股東常會開會三十日前交監察人查核。嗣後，董事會應將其所造具之各項表冊，提出於股東常會請求承認，經股東常會承認後，董事會應將財務報表及盈餘分派或虧損撥補之決議，分發各股東。是以，盈餘分派之編列應屬董事會之權限，而股東會僅有承認與否之權限。如此一來，關於盈餘分派之提案似非屬「該議案非股東會所得決議者」，故依公司法第172條之1第4項之反面解釋而言，董事會似應將股東就盈餘分派之提案列入議案中。且依經濟部之解釋：「除符合第4項董事會得不列為議案之情事外，其餘合於公司法第172條之1規定之議案，董事會均應列於股東會議程[28]。」故董事會似無裁量之空間。

二、惟查，固然盈餘分派之議案係屬股東會所得決議之事項，惟於公司法第228條已明定盈餘分派議案之係由董事會提出之，則此時若允許股東提出此等議案，是否侵害董事會對於公司之經營管理權限？不無疑問。或有認為公司法既已規定盈餘分派之議案應由董事會提出，且就長遠發展而言，董事會對於公司之經營管理和未來發展較股東熟悉，故於決定盈餘分派與否應認為係屬「董事會提案專屬事項」之範圍，而賦予股東承認與否之權利，似已足以保障其權益。

三、承上所述，固然可認為盈餘分派提案權為公司經營管理核心事項，應屬董事會「經營判斷」權限範圍，股東不宜輕易介入。但就股東盈餘分派請求權乃股東權之核心，亦係股東對於其出資可能獲得收益之變形觀點而言，股東明知公司有盈餘，且依法係處於得分派之狀況，而公司董事會基於某些理由而決定暫不發放盈餘，若符合經營判斷原則，股東雖無置喙餘地，至多亦僅能請求董事會說明決策之原由。但

---

[28] 經濟部2001年5月13日經商字第10002058520號函。

若上開董事會決策，有違「經營判斷原則」，股東應可以此爲由，提案解除董事職務或逕爲請求損害賠償，以確保股東盈餘分派請求權之實現，附此敘明。

問題 **34** 公司章程規定董事人數五名，公司提案ABC三人爲候選人，股東提案FGHIJ五人爲候選人，此時議題與議案的記載方法，表決權行使方法如何？又如上公司提案ABC三人，股東提案FG二人時又如何？又如上公司提案ABCDE五人，股東另提案ABCFG五人時又如何？

要點！

- 若係公開發行公司，應利用公司法第192條之1董事候選人提名制度。
- 若係非公開發行公司，股東應可利用提案制度提出董事候選人名單，且只要其所提名之人數未超過董事應選名額，不論與公司提名之人數合計是否超過董事應選名額，均應將股東所提名之人選列入議案，方得落實股東提案權之功能及目的。

參考條文

公司法第172條之1、第192條、第192條之1及第198條。

※相關問題：問題30。

說　明

一、應先說明者，依公司法第192條之1，若係公開發行公司，且於章程內有載明採取候選人提名制度者，則持有已發行股份總數百分之一以上股份之股東，得以書面向公司提出董事候選人名單，提名人數不得超過董事應選名額。故此時股東應利用董事候選人提名制度而非股東提案制度。

二、若係非公開發行公司，由於董事之選任，係屬股東會得決議之事項（公司法第192條第1項參照），則股東應得利用股東提案制度提出董事名單。若公司章程規定董事人數為五名，則股東表決權之行使方式，按公司法第198條規定：「股東會選任董事時，每一股份有與應選出董事人數相同之選舉權，得集中選舉一人，或分配選舉數人，由所得選票代表選舉權較多者，當選為董事。」即股東之每一股份有五個選舉權，得集中選舉一人，或分配選舉數人。故表決權之行使，似與股東提出之董事人選無直接關聯。

三、若公司章程規定董事人數為五人，而公司所提名之董事及股東所提名之董事人選合計未超過五位，此時股東提名應屬合法（即公司提案ABC三人，股東提案FG二人之情形）。然而，若公司提名之董事及股東提名之董事人選合計超過五位，此時由於股東提名之人選未超過董事應選名額，且為避免公司恣意挑選屬意人選，而剔除股東提案之董事人選，仍應將股東之提案人選列入議案中，亦即公司提案三名董事ABC而股東提案另外五名董事FGHIJ時，應將ABCFGHIJ等八人列為董事人選；又如公司提案ABCDE五人，而股東提案ABCFG五人時，應將ABCDEFG等七人列為董事人選，如此方能發揮股東提案權之目的及功能。

問題 **35** 關於股東提案召集通知應如何記載？

要點！

• 合法股東提案時，召集通知、參考書類、表決權書之記載之注意點為何？

參考條文

公司法第172條之1；日本会社法第303條及第305條。

※相關問題：問題20、問題24、問題25、問題43

說　明

　　爲保障股東能直接將其意思傳達給公司，使公司經營者與公司間，藉由股東會之召開建立良好溝通管道，以活化股東會，確保股東之參與權，落實股東行動主義而明文確立股東提案權。惟關於股東提案召集通知應如何記載？即公司對於股東所提之議案認爲合於法律規定者，其召集通知、參考書類及表決權之記載，其應注意點爲何？分述如下：

一、日本關於股東提案權，乃區分股東議題之提案權或議題追加權或議題提出權，及股東於股東會開會日前八週，向董事會請將一定之事項（股東會所得決議之事項）作爲股東會之目的事項（日本会社法第303條）；日本会社法規定，持有300個以上表決權或總表決權數百分之一以上持股股東，即可對公司行使提案權。對提案件數沒有上限，對於內容也沒有特別限制，只要不違反法令章程，幾乎什麼樣的內容都可以提案。就股東會開會之目的事項，該股東得要求董事會將其所欲提出之議案的要領通知股東，此項意義爲允許股東在公司所提出之議題中追加提案之內容，並要求董事會將股東所提之內容記載於召集通知中，使其他股東知悉此議題中，分別有董事之提案內容及股東之提案內容，稱爲議案提出權、議案通知權或稱議案要領通知請求權（日本会社法第305條）。

二、雖然提案權之行使，常同時就議題與議案爲提案，例如股東提出「董事選任」之議題，同時會提出候選人人選之議案。但如僅提出「變更章程」的議題，而未提出具體變更章程之提案內容，是否可行？由於章程之規定事項，涉股東之權益與利益，如未記載具體內容，則無法確定變更章程之內容爲何，因此僅就變更章程之議題提出即爲不合法。又採書面或電子投票之公司，股東所提之議題涉及要送給股東之參考書類，應如何記載之問題。所以股東光就議題之提案也不被允許，例如股東提出「解任董事」之議題，應同時提出議案內容爲「要求解任全體董事」或「解任○○董事」，但如果是「公司解散」或要

求「特定董事解任」之議題，其依該議題即可得知，無須再藉由議案來補充說明者，此種情形下只提出議題即會被允許。此外，股東只提出議案而無議題者，例如議案為「○○為董事候選人」，解釋上可合理推測屬於「解任董事」之議題內容，而此議題，公司或其他股東已經有人提出即可，如果尚未有人提出此議題時，則公司應以附加決議方式提出。

三、關於提案權相關資訊之記載，依日本会社法施行規則第93條第1項規定，採用電子或書面投票之公司，應將股東之提案，記載下列內容於參考書類中：關於提案股東之相關資料、提案股東之表決權數、對該提案董事會之意見、提案股東其提案理由與概要、就董監選舉等候選人之姓名、出生年月日及經歷[29]。而未採通訊投票之公司，則賦與股東有議案通知請求權，要求公司將股東提案之資訊公開，使其他股東均得以知悉。

四、我國關於提案權相關資訊之記載未有日本法之具體明確，惟為使未出席股東能充分知悉股東會之各項議案，並瞭解公司經營者的想法，有助於股東與公司間意思溝通。因此我國積極推動通訊投票之際，現行法關於召集通知之記載勢必要落實資訊揭露之程序。惟有關提案事項，是否應區分董事提案、股東提案而招致歧視股東提案？雖有此疑義，惟一旦有股東提案之時，就必須將指定事項記入參考書類裡面，即必須記載股東的持股數及董事會對議案的意見，其他股東從此即可知悉此為股東提案，非董事會提案。在我國實務，大多會註記為「董事會提案或公司提案」或「股東提案」，準此，對於有股東提案者應予以標明股東提案外，對股東提案內容，更要在召集事由中記載其要領，此外應仿日本法對列入議案者，董事會對該提案之意見為何，亦應予以記載，而非只有在不列入時，在股東會當場說明不列入之理由

---

[29] 杜怡靜，從日本之提案權制度反思我國股東提案權以及臨時動議提出權，中原財經法學，2014年12月出版，頁6-8、13。

而已。

五、日本法令並未對股東提案時的表決權行使書面樣式做特別規範，但是
　　股東提案之議案，必須設置記載贊成與否的欄位。在實務上，只要印
　　上「股東提案」文字，就明白表示該議案是股東提案。另外，在對
　　議案沒有表示贊成與否的情形下，則記載為「採用公司提案者視為贊
　　成，股東提案者視為反對的方式」。當董事、監察人的選派提案中出
　　現複數候選人的時候，需要設置可以記載對各人贊成與否的欄位。

問題 **36** **股東之合法提案被拒絕的效力？**

要點！

- 合法提案，董事會有無裁量餘地？
- 股東合法提案，但公司拒絕不受理時，其效力為何？

參考條文

公司法第172條之1。

※相關問題：問題30。

說　明

一、股東合法提案，董事會有無裁量餘地？

　　股東會構成員的股東對股東會審理事項提出自己的議案，是當然的權利，縱使法無明文規定，在一般理解上，爲股東應有而不得剝奪或限制的權利。這個權利範圍，包括開會前事先提案，以及開會當場提案（即修正案或臨時動議案），均可行之。

（一）股東對於公司經營之不滿，透過股東提案權之行使，經由股東會決議，以保障自己利益。但無可否認地是股東的提案，事實上通常需獲公司經營者之支持，才能成功。從而股東提案權制度於公司治理之機能，意見溝通與經營公開遠大於提案決議之成立而受矚目，是股東提案範圍應趨於廣泛而不排除「勸告性」提案，才有助於機能發揮。

（二）我國之股東提案權制度，董事會對於股東提案，若非屬股東決議事項「得」以排除而非「應」排除，換言之，縱使非股東會決議事項，亦可能列入議案於股東會中論議之，而使「勸告性」提案可能存在，此乃應予以肯定，不過該等提案因非股東會決議事項，提案之決議效力則難以肯定。又某些議案雖依法律規定爲股東決議事項，但性質上卻不適合由股東提出，例如公司合併、主要營業或財產之轉讓或受讓等皆是，需經董事會提案，股東會之特別決議通過，此等提案應認爲僅具勸告性提案機能，縱使於股東會中通過，對公司經營者無拘束力存在。

（三）股東提案之審查權專屬於董事會，且除符合公司法第172條之1第4項董事會得不列爲議案之情事外，其餘合於公司法第172條之1規定之議案，董事會均應列於股東會議程，是董事會先有

審查權受審查標準即公司法第172條之1第4項通過後，公司應無裁量餘地，只有在以上之標準之外，始有裁量權。

二、股東合法提案，但公司拒絕不受理時，其效力為何？

（一）美國採事前審查制，以行政介入保障股東權利。公司拒絕股東提案記載於委託書參考資料時，應向SEC申報，從而SEC居於公司與股東間之仲裁地位，就雙方書面報告審查之。SEC若支持公司之提案排除意見者，則發出「無異議函」（No Action Decision），而此無異議函」判斷通常受股東尊重，不過若有不服仍可提起訴訟而要求司法審查。SEC若否認公司意見者，則勸告公司將提案列入委託書參考資料中，但卻不被採納者，則可提起強制訴訟，以禁止委託書之徵求或使股東會延期等措施救濟之。

（二）日本採事後救濟制，日本對於股東提案之不當拒絕時，認為於同一議題下構成股東會召集程序瑕疵，故該等之決議可以撤銷之，但對於股東提案之不當拒絕，由於議題尚未列入議案故無法作成決議，從而可否行使撤銷權，學說上見解有歧異。一說認為提案之不當拒絕，應視為該次股東會召集程序之共同瑕疵，從而可以撤銷該次股東會之全部決議；另一說認為提案之不當拒絕，雖為程序上重大瑕疵，但該瑕疵仍不應及於其他議案，故無撤銷對象存在。從而救濟措施僅止於事後對公司經營者之間接制裁，包括罰鍰或解任而已，因此於日本之股東提案權實效性之確保，相當不足而受指摘。

（三）我國當股東之合法提案被董事會違法拒絕時，即董事會忽視股東提案（視而不見或完全不處理）或應列入召集通知而不列入時，公司不當排除議案，係為股東會召集程序違反法令，

是該股東會決議得撤銷理由之一，並對公司負責人爲罰鍰之處罰（公司法第172條之1第6項規定）。實務上，仍可循民事救濟途徑，其可分爲事前救濟，以假處分定暫時狀態之保全程序爲本案之處理；事後救濟，則股東以民事訴訟請求撤銷股東會決議之訴，並請求民事金錢賠償，以遏止股東之合法提案被董事會違法拒絕。

問題 **37** **股東提案之撤回，公司應如何因應？**

要點！

- 公司已受理股東提案，此時提案股東表示撤回提案，公司應如何因應？

參考條文

　　公司法第172條之1。

※相關問題：問題23。

說　明

　　股東提案權之行使，於送達公司時發生效力，是股東之提案如已送達公司，原則上股東應不得再為撤回，惟該股東之撤回，如係於召集通知發送前所為，應得在徵得公司同意後，視為未提案。是如召集通知發送後始為股東提案之撤回，應如何認定？公司應如何因應？我國並無明文規定，爰引日本實務見解分述如下[30]：

一、於召集通知發送前之撤回

　　於其撤回之意思表示到達公司且經確認後，視為股東自始未為提案。

二、召集通知發送後、股東會開會前撤回者

　　如果來得及通知各股東者，以董事長之名義通知各股東；但如果來不及通知各股東時，則待股東會開會日始提出撤回案，由股東會表決。另有一說認不得為撤回之意思表示。

三、直到開會日前或開會日當天才撤回

　　則由開會時之主席以臨時動議方式，將撤回之意思提出，由股東會表決通過後，從該股東會議程中予以撤回。

---

[30] 杜怡靜，從日本之提案權制度反思我國股東提案權以及臨時動議提出權，中原財經法學，2014年12月出版，頁14-15。

問題 **38** # 股東提案應由誰來負責說明與質問、應答？

要點！

- 股東提案之說明義務，可否由董事代爲說明或補充？
- 其他股東對於提案提出質問時，應由提案股東負責應答？抑或應由董事負責應答？

參考條文

　　公司法第172條之1。

※相關問題：問題41。

一、股東提案之說明義務，可否由董事代為說明或補充？

（一）一旦為合法之提案，董事會應將股東之提案提出於股東會並交付表決。日本法並未要求行使提案權之股東應出席股東會，所以提案股東即使未出席，並不影響該議案在股東會被提出受審議之效力。此外，符合提案要件之議題或議案，公司應將該提案之內容及理由在股東會說明，如股東可能考慮由公司說明不夠清楚時，亦可主動要求自行說明。但主席可視情況需要，限制其說明時間，以避免股東作冗長之說明而延誤股東會之進行。但對於不適法之提案，雖然未明文規定對提案之股東有通知之義務，但為避免在股東會引發無謂之爭議，實務上認為，應事前將不適法之理由通知股東[31]。

（二）我國公司法第172條之1第3項規定，提案股東應親自或委託他人出席股東常會，並參與該項議案討論。是公司法乃鼓勵提案股東親自參與該項議案之進行與討論。準此，原則上股東提案之說明義務應在提案股東，蓋其對於該議案最為關心、蒐集資料與研究，為使該議案能夠被接受通過決議應為其所期待，故由提案股東說明應最為適當。

（三）然該項規定應為訓示規定，無強制性，是如提案股東未到場，或未委託他人到場者，則董事自得代為說明。縱提案股東已有說明者，仍得由董事加以補充，應無不可。

（四）但依追加提案審議股東提出的議題、議案時，當股東提出要說明提案理由申請時，議長必須同意。股東不說明的情形下，

---

[31] 同上註，頁12-13。

議長沒必要代為說明。若股東對公司提案議題相關的議案提出修正議案時，公司提出的議案與股東提出的議案，會出現須先審議表決哪一個議案的問題。依議會運作條文，須由與原案差異最大的修正案，再而差異次大、三大……原案最後的順序審議、表決。即便提案者缺席，也必須審議股東提案。

二、其他股東對於提案提出質問時，應由提案股東負責應答？抑或應由董事負責應答？

（一）對於質問之應答，我國公司法並無規定，是由提案股東應答或由董事應答，應均無不可。或在提案股東應答後，仍有不足者，則董事仍得補充之，蓋董事對於公司經營較提案股東清楚，在應答上會較提案股東明確、具體。

（二）亦得藉股東的提案議題、議案之質問、討論、應答，而使公司經營者之立場與見解因此而對外公開，此乃有助於股東與經營者間之溝通，並使股東對於公司現在經營者之立場更進一步認識。

問題 **39** 股東之提案與公司經營方針對立時，董事會能採取哪些措施？

要點！

- 公司可否對提案股東說明公司立場，使其理解自動撤回提案？
- 公司應對其他股東如何之說明，以爭取理解而行否決提案？可否對股東發送反對意見之參考資料？

參考條文

公司法第172條之1、第193條及第202條。

※ 相關問題：問題36。

說　明

　　我國公司法第202條規定：「公司業務之執行，除本法或章程規定，應由股東會決議之事項外，均應由董事會決議行之。」本條之規定，旨在劃分股東會與董事會之職權，故股東會決議權，應限於法令或章程有規定之事項。也就是說未明文列舉之事項，應劃歸董事會決定之。至於同法第193條第1項規定：「董事會執行業務，應依照法令、章程及股東會之決議。」解釋上，本條所稱股東會之決議，仍然必須以法律或章程規定，屬於股東會得決議之事項。是除公司法或章程規定，專屬股東會決議之事項外，其餘事項，股東會所為決議，董事會並無遵守之義務。但為使股東能積極參與促進公司踐履社會責任之目的，應允許股東提出類如美國實務上所發生之「無拘束力之建議性提案」俾充分讓股東對公益性議題提出自己的想法，以使我們的社會對公共性議題凝聚共識，並提供公司將之化為行動之依據。除此之外，股東之提案與公司經營方針對立時，董事會能採取哪些措施？

一、公司可否對提案股東說明公司立場，使其理解自動撤回提案？

　（一）基於公司自治原則，公司似應無不可對提案股東說明公司立場，使其理解自動撤回提案，惟股東提案權制度係為鼓勵股東在一定規則限制下，得以向股東會提出議案方式，參與公司業務經營之公司經營民主化制度。此項權利能夠保證少數股東，將其關心的問題提交給股東大會討論，有助於提高少數股東在股東大會中的主動地位，實現對公司經營的決策參與、監督與糾正作用。準此，公司僅能就提案之形式及實質為審酌，適法者應列入議程並記載於股東會通知，反之，則於股東會說明不受理之理由，除此之外，不得私下對提案股

東說明公司立場，使其理解自動撤回提案，否則即有害於股東提案權制度之意義。

（二）公司雖不得對提案股東說明公司立場使其理解自動撤回提案，惟得於議案中，說明公司反對之理由。

二、公司應對其他股東如何之說明以爭取理解而行否決提案？可否對股東發送反對意見之參考資料？

（一）公司之股東會實際上是討論及決策公司業務的場所，而出席股東會的股東是帶著其本身擁有的能力與技術，對所提出的問題進行討論及參與決定。是以，公司對其他股東應如何之說明，以爭取理解而行否決提案，則得就提案之討論所需而公開資訊，繼而在這資訊公開之下討論，爭取其他股東之理解而行否決提案。

（二）針對股東之提案，公司亦得對股東發送反對意見之參考資料，讓股東於股東會召開前得以搜尋資料為更多、充足的準備，進行會議的討論，也透過此會議的討論、質問、應對而達到監督、監視經營者，並改正公司不當行事。

股東提案可能通過時，公司可如何對應？

要點！

- 股東提案可能通過時，公司對於股東提案在表決前，有何合法之對應與準備？

參考條文

公司法第172條之1及第177條。

※相關問題：問題36。

說　明

一、對於股東之提案，公司應將提案列爲大會議題，並記入召集通知書
　　中，並在召集通知書中附參考書類。

二、參考書類之記載事項，一爲記載議案，其主旨就是與股東提出內容相
　　關的事情，裡面必須記入該股東的持股數，以及董事會對議案的意
　　見。當股東提案關係到董事、監察人的選派或其他指定議案，而董
　　事、監察人有意見的時候，也必須將該意見內容記入。

三、如股東提案可能通過，而公司不希望它獲得表決通過，是否可以排除
　　該特定股東之提案，我國並無明文禁止，但依公司法第172條之1規定
　　之精神，董事會僅能依法審查其提案，如有不合規定之情形，則以股
　　東提案不通過方式處理。但經審查無拒絕之理由，而股東提案審查通
　　過者，則必須將該提案列爲大會議題，並記入召集通知書中，且在召
　　集通知書附參考書類。惟在實務上，如公司不欲該股東所提議案，在
　　股東會表決通過者，通常會先記載公司提案，後記載股東提案，並在
　　相關議案提出公司的立場，或以該提案完全是業務執行事項，並不屬
　　於股東大會的決議事項爲由，否定該提案，並透過持股董事或支持公
　　司立場之股東徵求委託書，行使反對表決，使該提案不被表決通過。

問題 *41* 提案股東是否得要求提案理由之補充說明？

要點！

• 召集通知已記載股東提案之議案要領，但開會時提案股東要求補充說明，應如何對應？

參考條文

公司法第172條之1。

※相關問題：問題38。

說　明

一、美國法規定有關提案者計畫親自出席，必須秉持善意通知公司，提案者在提出提案時，必須要以書面告知公司，自己的姓名、住址、登錄上或實質上持有公司表決權股票數、及該股票的取得年月日，而且當主張實際擁有股票時，必須提供可資證明的文件。在大會上之提案，可由提案者本人或是州法上有資格為提案者在大會提案的代理人的其中任何一位，進行提案。

二、我國公司法規定股東應親自或委託他人出席股東會，並參與該項議案之討論，目的即在於提案股東負有向其他股東說明提案內容、利弊及原因之間接義務，促使其他股東在資訊充分之情形下行使其表決權，這其中尚隱含提案股東有說服其他股東之「權利與義務」之理念。說服別人若為義務，自己具體以行動表示更具有正面價值，是以，對提案股東而言，表決權才是落實主張的武器[32]。

三、是以我國公司法乃鼓勵提案股東親自參與該項議案之進行與討論。故提案股東有就該議案參與、說明與進行討論之義務，惟召集通知已記載股東提案之議案要領時，開會時提案股東是否得要求補充說明？我國則乏有明文。綜合我國提案者應親自出席參與該議案討論規定，以及美國親自出席提案等規定，提案者應僅於提案及議案要領之說明，如股東可能考慮由公司說明不夠清楚時，亦可主動要求補充說明，但主席可視情況需要，限制其說明時間，以避免股東作冗長之說明而延誤股東會之進行。

---

[32] 曾宛如，股東會與公司治理，臺大法學叢論，第39卷第3期，頁144-145。

問題 **42** **提案股東之違法收購委託書時公司之對應方法爲何？**

要點！

• 公司對於提案股東爲使提案通過，而有違法收購委託書或對股東行賄等違法行爲發生時，應如何處理？

參考條文

公司法第172條之1、第177條、第189條及第191條；證券交易法第25條之1。

※相關問題：問題35。

說　明

一、公司法第177條第1項規定「股東得於每次股東會，出具公司印發之委託書，載明授權範圍，委託代理人，出席股東會」。股東投票權代理制度，係針對公開發行股票公司，其使用委託書代理股東投票權的特別規範，依證券交易法第25條之1授權主管機關制訂管理規則，予以限制、取締或管理之。

二、美國對公司經營者監督，除獨立董事代替一般股東行使監督外，主要是依賴公司董事信賴責任以及公開收購股權制度。至於徵收委託書，只是一種輔助的監控工具而已，尤其美國各州公司法多明文禁止股東出售投票委託書，因此在野股東不易利用收購委託書方式取得經營權。公司股權大多非常分散，少數股東欲取得經營權多以收購股權的方式為之，只有極少數透過徵求委託書達到目的。但其仍可藉由委託書達到否決公司提案的目的。

三、但這個制度自美國移植到我國後，卻使委託書的徵求變成收買，委託書爭奪戰的目的也從理念之爭，變成唯一的董監事改選，影響所及使少數股東藉由收買委託書而取得董監事席位，市場派搖身一變成為當權經營派。事實上，依美國許多州公司法規定，開股東會時市場人士可徵求但不可收買委託書，這道理正如在政治選舉時，候選人可拉票但不可買票一樣。我國當初修訂公司法時，曾有禁止收買委託書之議，但卻遭限制財產權之譏，而採適當管理原則。

四、我國有關委託書徵求方式，如有違反委託書徵求規則，進而造成股東大會上相關爭議問題，係公司法第189條所定之召集程序或其決議方法，違反法令或章程，股東得自決議之日起三十日內，訴請法院撤銷其決議，並非公司法第191條所定之決議之內容違反法令或章程者無效，故如未撤銷前，決議不能謂無效，又此撤銷權應受民法第56條但書限制，亦即如未當場表示異議者，即不得為之。其次，如果召集程序或其決議方法瑕疵輕微，扣除瑕疵表決權數後，不足以動搖議案表

決結果時，法院則駁回原告之訴。縱使委託之股東係因收取紀念品而交付委託書，其意思表示並不爲之無效，而違反委託書徵求規則，僅係表決權不予算入，仍得出席並算入出席權數。

五、是以，公司對於提案股東爲使提案通過，而有違法收購委託書或對股東行賄等違法行爲發生時，僅能爲以上之處理，惟如違反委託書徵求情狀輕微者，例如徵求空白授權委託書、非受徵求人委託而爲徵求行爲，以及在未經核准徵求場所徵求等行爲，實應科以行政罰鍰，而非單純以表決權不予計算，應較爲妥適，以增加違法徵求者成本，否則違法徵求者即可肆無忌憚違法徵求。而違反委託書徵求規則情節嚴重者，例如價購委託書部分，則應有刑事罰規定以遏止此行爲發生。尤其是在股東大會形式化情況下，召開股東大會出席表決時，如未有人當場表示異議，或異議者亦未於事後提起撤銷之訴，則委託書徵求規則如同具文。

問題 *43* 股東提案之表決權應如何行使？

要點！

- 股東提案與收集委託書在議案表決常發生何問題？
- 如發生重複行使表決權、部分議案之委託書行使、反對提案表決順序等問題應如何處理始為妥當？

參考條文

公司法第172條之1、第174條、第177條及第189條；證券交易法第178條；公開發行公司出席股東會使用委託書規則第11條及第22條。

※相關問題：問題42。

說 明

一、股東提案與收集委託書在議案表決常發生何問題？

（一）公開發行公司出席股東會使用之委託書，其格式內容應包括填表須知、股東委託行使事項及股東、徵求人、受託代理人基本資料等項目。委託書之用紙，應以公司印發者為限。違反者，其代理之表決權不予計算。此為「委託書規則」第11條、第22條第1項第5款及證券交易法第178條所規定。

（二）股東提案權之主要目的應在於透過提案及通過提案，而對公司產生一定之影響。若股東自身無表決權，此際提案權實現之力量將十分薄弱。是以該股東應以有表決權為限，始有其意義。

（三）股東提案與收集委託書在議案表決常發生的問題，主要是提出委託書是否合法有效，其確認方法如何？蓋我國證券市場係以散戶為主之市場結構，為提高股東參與股東會誘因，實務上公開發行公司有以發放股東會紀念品方式促進股東參與，提高出席率情形。因此，股東會紀念品係由公司對股東發放，並未因股東是否支持經營層級而異，亦不因其係何者徵求對象而有所不同，股東會紀念品由各公開發行公司斟酌本身需要，決定是否發放及其發放種類，該紀念品非由徵求人提供，亦非用於換取委託書，故其發放與委託書徵求無涉。從而委託書常常僅有委託人之空白委任，即僅於委託人欄位簽名或蓋章，而發生委託書筆跡係為特定數種，使在股東提案通過後，而被主張該表決不符合公司法第174條之決議方法而得撤銷。縱使以換取紀念品以徵求委託書，並非使股東確實關心公司營運理念之正常方式，惟實務仍認為，無礙於出

具委託書委託他人代理出席股東會眞意，而尚無撤銷會議決議之理。

二、如發生重複行使表決權、部分議案之委託書行使、反對提案表決順序等問題，應如何處理始爲妥當？

（一）如股東已出具委託書委託他人代理出席股東會，卻又親自出席股東會，而發生重複行使表決權之情形時，如其重複數已達影響表決結果者，股東自得依公司法第189條之規定，於決議之日起三十日內，訴請法院撤銷其決議。

（二）委託書僅記載部分議案，則委託人無法知悉全部之議案，就未記載之議案，委託人之委託意思即有欠缺，據此受委託出席之表決權代理行使即有瑕疵，其表決權數如有影響該未記載委託書之議案之表決通過者，則得依公司法第189條之規定撤銷該決議。

（三）如係反對提案表決順序者，縱提案表決順序影響提案通過之可能（例如拖得太後面，可能會有股東中途離席而有表決權數不夠而無法通過之可能），惟此屬公司自治事項應無以提出撤銷之事由。

第五章
委託書徵求問題

問題 **44** **委託書徵求有哪些規定？**

要點！

- 我國關於委託書徵求規定概要。
- 日本委託書徵求規制概要。

參考條文

　　公司法第177條；證券交易法第25條之1；公開發行公司出席股東會使用委託書規則。

※相關問題：問題42。

一、我國法規規定

關於委託書使用與管理，我國現行法令規定主要有三：

（一）證券交易法第25條之1（委託書管理規則）規定，公開發行股票公司出席股東會使用委託書，應予限制、取締或管理；其徵求人、受託代理人與代為處理徵求事務者之資格條件、委託書之格式、取得、徵求與受託方式、代理之股數、統計驗證、使用委託書代理表決權不予算之情事、應申報與備置之文件、資料提供及其他應遵行事項之規則，由主管機關定之。

（二）公司法第177條規定，股東得於每次股東會，出具公司印發之委託書，載明授權範圍，委託代理人，出席股東會。除信託事業或經證券主管機關核准之股務代理機構外，一人同時受二人以上股東委託時，其代理之表決權不得超過已發行股份總數表決權之百分之三，超過時其超過之表決權，不予計算。一股東以出具一委託書，並以委託一人為限，應於股東會開會五日前送達公司，委託書有重複時，以最先送達者為準。但聲明撤銷前委託者，不在此限。委託書送達公司後，股東欲親自出席股東會或欲以書面或電子方式行使表決權者，應於股東會開會二日前，以書面向公司為撤銷委託之通知；逾期撤銷者，以委託代理人出席行使之表決權為準。

（三）金融監督管理委員會（金管會）依證券交易法第25條之1規定，並於2015年3月4日修正之公開發行公司出席股東會使用委託書規則，條文共計24條。

二、日本法相關規定

　　金融商品交易法（日文：金融商品取引法，簡稱金商法）、金融商品
交易法施行令（日文：金融商品取引法施行令，簡稱金施令）、關於上市
公司議決權代理行使徵求之內閣府令（日文：上場株式の議決權の代理行
使の勸誘に關する內閣府令，簡稱勸誘府令），以上總稱爲委託書徵求規
則，規定的目的係爲防止股價不當影響，保護投資者，而集團徵求行爲即
爲委託書徵求規範對象[1]。日本現行委託書徵求規則規範重點可歸納爲：
　　（一）徵求委託書同時，須向股東提供相關議事資訊情報。
　　（二）依其規則制定精神，該委託書內容與形式，應提供股東就議事
　　　　　表達意思機會，或指示代理行使表決方向。
　　金商法第194條規定，任何人不能違反訂定政令，對於證券交易所上
市之發行公司股票，徵求代理行使自己或第三人之表決權。故非上市公司
股票，關於委託書徵求部分，就不適用委託書徵求規則。所謂任何人亦即
本條規範對象的主體並無限制，不僅包含上市公司自己徵求情況，也包含
公司董事、股東或其他第三人徵求情況。本條規定對象行爲係自己或第三
人關於表決權行使代理徵求，亦即徵求對象限於表決權代理行使，適用委
託書徵求規則。徵求者交付委託書用紙及委託書參考書類時，應將書類繕
本向金融廳長官提出（金施令第36條之3）。
　　虛僞記載禁止：徵求者對於重要事項虛僞記載或記錄，或爲使應記載
或記錄重要事項產生誤解而欠缺必要之重要事實記載或記錄委託書用紙、
委託書參考書類或其他利用之電磁記錄，不得行使表決權代理徵求（金施
令第36條之4）。
　　委託書參考書類交付請求：股東對於公司，支付公司所定費用，可以
請求交付委託書參考書類（金施令第36條之5第1項），股東大會參考書類

---

[1] 株主提案と委任狀勸誘，三浦亮太、浜口厚子、山中修、松下憲，商事法務，2008年3月14日
初版一刷，頁33。

或委託書徵求參考書類，其目的在提供股東可在議案中合理判斷所需必要情報。公司僅對一部分股東行使委託書徵求情況，未受徵求股東也應賦與受徵求股東同一情報手段。又股東為與公司對抗而希冀獲得委託書情況，考量如何行使委託書徵求而利用情報效果也是必要，但是現實上通常一般股東無法知悉相關事實。

違法徵求行為對抗手段：參考書類作成時期，其所提供重要事項，不得有虛偽記載情形，參考書類與委託書上相關重要事實，不得有記載缺漏情形，並規定徵求者委託書申報義務。而違反上開規則規定而徵求委託書者，依財政部長（大藏大臣）聲請，法院得基於保護公益或基於保護投資人必要情況，禁止其行為，或者針對其徵求者發布緊急停止命令（金商法第192條第1項）。同時以上市公司為名義徵求股東表決權代理行使委託書而違反法令時，財政部長於審問該情事後，本於保護公益或保護投資人必要情況，得表示理由向相關證券交易所命令停止其股票交易或命令撤銷其上市資格（同法第119條）。不過實際上過去從未使用過，被認為係不能期待發動而係無實效性手段。該裁判所緊急停止命令禁止對象，係違反委託書徵求規則委託書徵求行為，因應徵求而交付委託書之委託書交易不正行為，可禁止使用委託書或停止表決權行使，但不能命禁止召開股東大會。違反委託書徵求規則情況，刑事責任方面，可處30萬元以下罰金（金商法第205條之2第2號）。

委託書與書面投票制度有何異同？

要點！

• 以外國爲例其與委託書之區別如何？

參考條文

　　日本会社法第298條及第325條；日本会社法施行規則第64條及第95條。

※相關問題：問題44。

說　明

以日本法為例，書面投票制度與委託書徵求制度主要之不同處如下[2]：

一、就有無採用之義務而言

書面投票制度係可以行使表決權的股東數在1000人以上的公司（上市公司遵從委託書徵求規則，對於全體可以行使表決權的股東委託書徵求之情況下除外）（公司法第298條第2項）。而對於是否採用委託書徵求規則，法律上並無明文的義務。

二、就法律上的適用而言

採用書面投票制度者，係全部的股份有限公司。適用公司法及公司法施行規則的規定。而委託書徵求制度僅於上市公司的股份關於行使委託書徵求的情況下適用委託書徵求的規定。

三、就表決權行使的方法而言

書面投票制度係直接投票，委託書徵求規則係間接投票（因代理人在股東大會會場行使表決權係必要）。

---

[2] 株主提案と委任状勧誘，三浦亮太、浜口厚子、山中修、松下憲，商事法務，2008年3月14日初版一刷，頁31-32。

四、就議事進行中關於臨時動議的對應方面而言

書面投票制度係不可能對應，但是委託書徵求制度係可以對應。

五、修正動議的對應方面

書面投票制度，對於表決權行使書面記載原案係贊成的情況下，對於修正動議為反對的處理。原案係反對的情況下，對於修正案係棄權的處理。而委託書徵求可依委任事項所定的方法，採取柔軟對應的可能。

六、就可否僅兌一部分股東實行方面

書面投票制度係不可以；對於委託書徵求制度方面，公司執行委託書徵求的情況下係不行（但是已採用書面投票制度的公司，對於全體股東寄送表決權行使書，兼之對一部分的股東實行委託書的勸誘的情況下是可以的）。

七、就可否對於一部分議案適用方面

書面投票制度係不可以，而委託書徵求制度係可以（但是負有書面投票制度的的公司，取代書面投票制度而以委託書徵求的情況下是不行的）。

八、就書面對於公司提出的期限而言

就書面投票制度而言，表決權行使書面投票提出期限，原則是股東大會之日期跟時間之前營業時間終了之時，但公司（股東大會之日期跟時

間以前的時間,從發出召集通知之時經過二週以後之日期特定的時間係必要)對於行使期限也可能設定。

委託書徵求制度和書面投票制度,原則上係可以任意選擇。依前所述,對於有表決權的股東數超過1000人以上的公司,法律上賦與採用書面投票制度的義務(日本会社法第298條第2項)。該公司係上市公司之情況下,對於可以行使表決權的全體股東,依照委託書徵求規則隨同委託書用紙委託書徵求時,就不適用書面投票制度(日本会社法第298條第2項但書、第325條;会社法施行規則第64條、第95條第2項)。又對於沒有採用書面投票制度義務之公司,採用書面投票制度還是委託書徵求制度,公司可以任意選擇。又負有書面投票制度之公司而非上市公司之情況下,不可代替書面投票制度,任意的選擇委託書徵求制度。

問題 **46** ## 以禮品或走路費交換委託書之收購方法，是否有違法性問題？

要點！

• 委託書收購之正當性。

參考條文

　　公司法第177條、第179條、第189條及第191條；證券交易法第25條之1及第177條；公開發行公司出席股東會使用委託書規則第10條。

※相關問題：問題44。

一、理論性質

依投票權的性質而言,是股東參與股東有限公司營運管理的權限之一,屬共益權,同時股東投票權乃係除公司法第179條明文規定無投票權情形外,是股東固有權限,不得以股東大會決議剝奪之;依其特殊性,是屬股東一身專屬人格權,其投票是表決行使股東權內容的基本所在,非股東不得行使。惟將股東的表決當作人格權,視爲人民對國家參政權之類者,畢竟是少數的見解,一般解釋均認爲其投票表決權,乃是由私有財產權的股東權演變而來,股東投票權係股東以投票表決方式,在股東大會上行使其意思表示法律效果,以股東親自行使爲原則,例外應容許適用民法上意思表示代理制度,以符合現代公司管理實際需要與保護股東利益實際考量。美國早期觀念把股東表決權的行使與政治投票同等看待,因此依判例法的原則,股東應親自出席股東會,不得使用委託書。後來觀念漸漸改變,且爲方便股東會的召集,各州漸以憲法或法律承認委託書的制度[3]。

是故公司法第177條第1項明文「股東得於每次股東會,出具公司印發之委託書,載明授權範圍,委託代理人,出席股東會」規制,股東投票權代理制度,而針對公開發行股票公司,其使用委託書代理股東投票權的特別規範,依證券交易法第25條之1授權主管機關制定管理規則,予以限制、取締或管理之。

美國對公司經營者監督,除獨立董事代替一般股東行使監督權外,主要是依賴公司董事信賴責任以及公開收購股權制度。至於徵求投票委託書,只是一種輔助的監控工具而已,尤其美國各州公司法多明文禁止股東

---

[3] 公司股東使用委託書與投信事業行使表決權法制之研究,王文宇、陳錦旋、廖大穎、陳婷玉,行政院研究發展考核委員會編印,1996年12月,頁3。

出售投票委託書，因此在野股東不易利用收購委託書方式取得企業經營權。公司的股權大多非常分散，少數股東欲取得經營權多以收購股權的方式爲之，只有極少數透過徵求委託書達到目的。但其仍可藉由委託書達到否決公司提案的目的。

　　但這個制度自美國移植到我國後，卻使委託書的徵求變成收買；委託書爭奪戰的目的，也從理念之爭變成唯一的董監事改選，影響所及少數股東得藉由收買委託書而取得多數董監事席位，市場派搖身一變成爲當權經營派。事實上，依美國許多州公司法規定，開股東會時，委託書可以徵求但不可收買，這道理正如在政治選舉時，候選人可拉票但不可買票一樣。

二、委託書徵求弊端

　　我國當初修訂公司法時，曾有禁止收買委託書之議，但卻遭限制財產權之譏，而改採適當管理原則。惟現代國家已捨棄財產權絕對原則，故應自公平性與經濟效益之層面，來探討它對股東權益與社會公益的影響。允許投票委託書獨立買賣之弊端在於由於投票權與股權分離的結果，造成經濟上支出與獎勵不對稱的現象，以高雄中小企業銀行爲例，當權派全部持股遠低於百分之十，但卻可藉著收買半數委託書來取得經營權，並得決定銀行資金之運用方式與輸送對象，由於其持股比例過低，所可能得到業主獎勵自然有限，這種支出與獎勵不對稱的現象，會造成經營者的經濟誘因，可能不是追求股東的最大利益，而是圖利外部關係人，因爲經營者以外的其他股東將負擔經營不善與股價下跌的苦果，而經營者利益輸送所得，卻可能超過股價下跌對他所造成損失。投票權與股權分離後，股東們將無法正確地評估買賣委託書的風險與價格，當市場上各方人士競價收買委託書時，全體股東們面臨一個集體行動的困境，即個別股東無從判斷其他股東對每個收買要約反應，以及哪一位競價收買者最後會贏得委託書爭奪戰，因此他個人抉擇並不影響未來投票結果與經營權歸屬。此時每個股

東最佳策略，並不是審慎評估每個收買者理念與資歷，而是將委託書賣給出價最高者，否則徒然喪失一筆收入而已，這種不賣白不賣的自然心理，並不能實現股東民主與積極監控真諦。故少數股東如藉由收買委託書而成為當權派，會使公司較容易發生經營不善情事，會使公司大部分股東同蒙其害，而且增加社會成本，如果收買委託書入主的不是一般公司而是銀行，更會直接影響存款大眾與廣大投資人利益。

亦有學者認為，委託書徵求可提供受損股東，除了出賣其持股外另一個選擇，因為藉由委託書徵求可讓為數眾多、散居各地、力量微薄的小股東凝聚共識與大股東相抗衡，甚至推選符合自己利益股東擔任董事，藉以保障小股東權益。自公司監控角度而言，委託書確有此積極之功能，但此一功能藉由委託書徵求方式即可達成，而徵求委託書卻不一定要有對價。誠然，有對價會提供股東被徵求誘因，但卻會製造額外代理成本或利益輸送問題。同時，委託書制度初衷乃在因應公司大眾化後能否順利運作問題，而投票權為共益權，不能與股東權分離作為轉讓標的。徵求委託書在美國為無效，並非只有少數州禁止，而且其他國家亦未見有將委託書分離轉售情事。是故政府宜修法禁止收買委託書，惟此僅禁止投票權與股權分離而獨立買賣，並未剝奪在野人士以理念號召股東投票支持機會，亦未影響個別股東獨立地行使或委託他人行使投票權權利。目前我國公司法制基本問題在於股東缺乏自覺，且無有效監督機制，修改使用委託書規則，禁止委託書徵求，也僅能局部改善而非全盤消除當前的亂象。

鑑於使用委託書進行經營權爭奪情況愈演愈烈，且黑道介入上市公司情況也日益嚴重，在現行掃黑風潮中，利用使用委託書規則修正，對於公開徵求者資格加以限制，避免黑道分子介入股東會，不失為股市掃黑的一個方法。黑道介入上市公司主要目的在於利用公司作為掩護，進行各種政商掛鉤、工程綁標等活動，藉由幕後掌控企業獲取資金來源，因此除暴力脅迫外，徵求委託書是較為平和方式，先花小錢取得大量委託書入主企業

後，再從企業賺取數倍利益[4]。如上市公司大股東如有與認購權證發行人約定，以交換出席股東會委託書爲購買認購權證條件者，係屬違反「公開發行公司出席股東會使用委託書規則」第10條規定[5]。

現行使用委託書規則僅爲行政規則，但其中部分如徵求資格、資訊公開等規定卻涉及人民或股東基本權利，政府宜考慮提升本規則法律位階，或將重要條款納入公司法或證交法。

三、關於委託書徵求，我國實務見解演變，可以以除罪化之前後爲分界

除罪前認定犯罪依據爲：公開發行股票公司出席股東會使用委託書應予限制、取締或管理，其規則由主管機關定之，證券交易法第25條之1定有明文。依該主管機關財政部證券暨期貨管理委員會發布之公開發行公司出席股東會使用委託書規則，違反前開規則所爲禁止命令，而均犯證券交易法第177條第3款之罪。

大法官會議釋字第522號解釋：對證券負責人及業務人員違反其業務上禁止、停止或限制命令行爲科處刑罰，涉及人民權利限制，其刑罰構成要件，應由法律定之；若法律就其構成要件，授權以命令爲補充規定者，其授權目的、內容及範圍應具體明確，而自授權法律規定中得預見其行爲可罰，方符刑罰明確性原則。1988年1月29日修正公布之證券交易法第177條第3款規定：「違反主管機關其他依本法所爲禁止、停止或限制命令者，處一年以下有期徒刑、拘役或科或併科十萬元以下罰金。」衡諸前開說明，其所爲授權有科罰行爲內容不能預見，須從行政機關所訂定行政命令中，始能確知情形，與上述憲法保障人民權利意旨不符，自本解釋公

---

[4] 公司股東使用委託書與投信事業行使表決權法制之研究，王文宇、陳錦旋、廖大穎、陳婷玉，行政院研究發展考核委員會編印，1996年12月，頁126。

[5] 財政部證券暨期貨管理委員會1997年10月20日（86）台財證（三）字第04770號函。

布日起，應停止適用。證券交易法上開規定於2000年7月19日經修正刪除後，有關違反主管機關依同法所爲禁止、停止或限制命令，致影響證券市場秩序維持者，何者具有可罰性，允宜檢討爲適當規範。

故證券交易法經立法院依上開大法官會議意旨修正通過，總統於2000年7月19日以總統（89）華總（一）義字第8900178720號函修正公布，其中第177條第3款原規定「違反主管機關其他依本法所爲禁止、停止或限制之命令者，應處一年以下有期徒刑、拘役或科或併科十萬元以下罰金」之刑事罰規定已廢止，依中央法規標準法第13條規定，於公布日起算第三日即2000年7月21日起生效。

四、我國法上的探討結論

(一) 民事部分

由我國民事實務判決可知：我國有關委託書徵求方式，如有違反委託書徵求規則，進而造成股東大會上相關爭議問題，係公司法第189條所謂「召集程序或其決議方法」，違反法令或章程，股東得自決議之日起三十日內，訴請法院撤銷其決議，並非公司法第191條所謂「決議之內容」違反法令或章程者無效，故如未撤銷前，決議不能謂無效，又此撤銷訴權應受民法第56條但書限制，亦即如未當場表示異議者，即不得爲之。其次，如果召集程序或其決議方法瑕疵輕微，扣除瑕疵表決權數後，不足以動搖議案表決結果時，法院則駁回原告之訴。而委託書徵求，縱委託書僅係爲紀念品而交付委託書，其意思表示並不爲之無效，而違反委託書徵求規則，僅係表決權不予算入，但是仍得出席，且算入出席權數。

(二) 刑事部分

依大法官會議釋字第522號解釋意旨，認爲原證券交易法第177條第

3款規定，違反主管機關其他依本法所爲禁止、停止或限制命令者，處以刑事罰，違反授權明確性違憲，而何種具有可罰性，應由立法機關討論。是其意思，並非認行政機關之命令內容本身違反，而係認應由立法機關立法，以免違反授權明確性，亦即行政機關以行政命令規範內容，如改以立法機關明文制定，即無違反授權明確性。惟立法機關事後並未將違反委託書徵求規則行爲，列舉制定在證券交易法中，而逕行刪除證券交易法第177條第3款，而認違反委託書徵求規則行爲全部除罪化。本書以爲似有不妥之處，針對違反委託書規則情狀較輕微者，例如徵求空白授權委託書、非受徵求人委託而爲徵求行爲，以及在未經核准徵求場所徵求等行爲，予以除罪化，尚無不妥之處。惟宜科以行政罰鍰，而非單純以表決權不予計算，較爲妥適，以增加違法徵求者成本，否則違反徵求者即可肆無忌憚違反徵求，之後召開股東大會出席表決，如未有人當場表示異議，而異議者事後未提起撤銷之訴，尤其是股東大會形式化情況下，則委託書徵求規則如同具文。而違反委託書徵求規則情節嚴重者，例如價購委託書部分，則應維持刑事罰規定較爲妥適。

問題 **47** **呼籲表決權行使是否適用委託書徵求規定？**

要點！

• 對全體股東呼籲（呼喚）積極行使表決權，或呼籲積極贊成公司之提案，以及呼籲對股東之提案投反對票等之行為，須否規範，是否適用委託書之規定？

參考條文

日本「關於上市公司表決權代理行使徵求規則」。

※相關問題：問題44、問題45。

說　明

關於呼籲或鼓勵股東參與股東會，積極行使其表決權，無論是針對公司之提案或股東提案，呼籲行使投贊成或反對票之行為，是否需規範及適用委託書之規定，我國公司法未規定，學術及實務界亦未論及。本書擬參酌日本相關學說，說明關於徵求定義與適用例外：

一、徵求定義[6]

因為該當委託書徵求須遵守委託書徵求規則。日本委託書徵求規則制度雛型，係來自美國1934年證券交易法之證券交易委員會規則。其具體問題點如下：

(一) 自己意見發表行為（對手方意見批判行為）

本書認為單純紓解壓力，僅公開發表自己意見情況，因並無言及委託書交付行為，故並不該當表決權代理行使徵求。又公司派僅交付表決權行使書面，而不行委託書徵求情況，因僅行使委託書徵求之股東受到委託書徵求規則制約，公司派可以自由表明其意見，可認為欠缺手段對稱性而不妥當。若公司表決權行使書面徵求之際，將徵求使用之文書為虛偽記載，故意不記載重要事實而產生誤解情況，類推適用金商法而有違法之可能性。

(二) 促使表決權行使行為

本書認為所謂委託書代理行使徵求，此部分僅限於促使委託書行使

---

[6] 株主提案と委任状勸誘，三浦亮太、浜口厚子、山中修、松下憲，商事法務，2008年3月14日初版一刷，頁139。委任状勸誘規制の法的意義，山本為三郎，法学研究，82(12)，頁126，2009年12月。

而使之交付委託書爲限，方該當之，亦即還是要有交付委託書之行爲方構成。

(三) 要求不回應對手方委託書徵求行為或要求委託書撤回行為。

　　針對此問題有兩派之主張：甲說認爲，要求不回應委託書徵求行爲，含有徵求意思表示，爲防止董事爲了自己利益，濫用委託書制度或讓股東產生誤解，使受委任代理行使表決權者於股東大會能以自己意思決議，防止對股價影響，係委託書徵求規則制度之旨趣，要求對委託書徵求不回應之時，應對於股東提供適當情報，在此點考量下，規範要求不回應委託書徵求行爲是合理。而乙說則認爲，文義上來說，是代理表決權行使，如要解釋爲促使不代理表決權行使，在擴張條文文義解釋上有困難，且違反委託書徵求規則情況下，有罰則適用，因此要求不回應委託書徵求之行爲，不該當爲表決權代理行使徵求之行爲。又對於曾出具委託書之股東，要求委託書撤回行爲，僅限自己另要求交付委託書之情況爲限，該當委託書徵求之行爲。本書認爲因有罰則之規定，應採較爲嚴格規範之乙說爲妥。

(四) 不交付委託書、要求贊成自己提案行為

　　因爲沒有要求交付委託書，沒有因爲該行爲獲得委託書，所以不該當表決權代理行使徵求。

　　故以上（一）至（四）行爲均不該當爲表決權代理行使徵求之行爲。又日本1950年6月修正之關於上市公司表決權代理行使徵求規則部分修正（昭和25年6月15日證總第173號），規定以下1該當徵求，2至4各行爲含有徵求意思[7]，亦可作爲參考：1.股東大會召集單純委託書用紙提供

---

[7]　株主提案と委任状勧誘に関する実務上の諸問題，太田洋，旬刊商事法務，（1801），

行爲。2.委託書用紙提供而要求股東簽名行爲。3.對於股東要求表決權代
理行使委託書作成、交付行爲。4.要求不回應他人委託書徵求行爲。

頁30，2007年6月5日。ロー・クラスクロスワード会社法（20）委任状勧誘合戦（proxy fight），永眞生，法学セミナー，53(5)，頁112，2008年5月。

問題 **48** 僅對部分股東取得委託書時，是否適用委託書規範？

要點！

- 對部分股東取得委任書時，是否適用委託書規範？
- 委託書規範適用之例外。

※相關問題：問題44、問題49。

說　明

　　此部分我國尚無具體文獻及法律條文可供參酌，本書參酌日本之學說及實務規定說明如下：

一、日本法規定委託書規則適用例外規定[8]：

　　（一）非該股份發行公司或董事，而行使表決權代理行使徵求，被徵求者未滿10人情況（金施令第36條之6第1項1號）：因為徵求者非公司內部關係人，而未滿10人情況範圍極小。所謂董事除公司法上董事，也包含於公司有實質上類似董事支配力、影響力之人。何以規定係未滿10人之情況，應係立法裁量之自由。

　　（二）代理權行使徵求公告揭載於報紙，公告發行公司名稱、公告理由、股東大會目的事項及委託書用紙提供情況。

　　（三）以他人名義持有股份之人，對於該他人該股份表決權徵求委託書代理行使情況。

二、我國公司法規定有控制與從屬關係之公司，以及相互投資之公司為關係企業，而「公司持有他公司有表決權之股份或出資額，超過他公司已發行有表決權之股份總數或資本總額半數者為控制公司，該他公司為從屬公司」，且「公司直接或間接控制他公司之人事、財務或業務經營者亦為控制公司，該他公司為從屬公司」，均為關係企業，該等公司或董事行使表決權代理行使徵求，應受委託書徵求之規範。又

---

[8] 株主提案と委任狀勧誘，三浦亮太、浜口厚子、山中修、松下憲，商事法務，2008年3月14日初版一刷，頁35、36。詳細之解釋及定義，請參考敵對的買收における委任狀 誘への問題と対応——アメリカでの実務・先例を参考に，神谷光弘、熊木明，旬刊商事法務（1827），頁20、21，2008年3月15日，該文援引美國法之相關案例，解釋上開條文，本文因限篇幅，僅能割愛。委任狀爭奪戰に向けての委任狀勧誘規制の問題点，寺田昌弘、寺崎大介、松田洋志，旬刊商事法務（1802），頁38，2007年6月15日。委任狀勧誘・情報開示編（特集・M&Aをめぐる株価紛争と情報開示・買収防衛策の諸問題），委任狀勧誘規制とモリテックス事件判決，日下部眞治，判例タイムズ，59(27)，頁50，2008年12月1日。

「公司與他公司之執行業務股東或董事有半數以上相同者」與「公司與他公司之已發行有表決權之股份總數或資本總額有半數以上爲相同之股東持有或出資者」，公司法推定有控制及從屬關係，本書認爲基於同一法理，亦應受規範之。

三、至於以他人名義持有股份之人，對於該他人該股份表決權徵求委託書代理行使情況，本書認爲因爲只是形式上委託書徵求，實際上係實際持股之股東行使表決權，僅有代理形式，所以沒有適用委託書徵求規則之必要。

如何有效確認徵求人所提出之委託書是否合法？

要點！

- 委託書之確認。
- 針對委託書徵求人所提出委託書，是否合法有效確認方法如何？

參考條文

　　公司法第189條及第191條；民法第56條及第86條；公開發行公司出席股東會使用委託書規則第11條及第22條。

※相關問題：問題44。

說 明

　　本問題是針對表彰股東代理權之委託書做確認，由於抽象性的代理權無法確認，唯一的辦法是對其具體化書面做確認。委託書的確認可分爲兩部分：一是委託書格式的適格確認，另一是委託書眞僞的合法確認。

一、委託書之格式確認

　　對於股東代理權確認方法，許多公司於股份處理辦法的規則上，或股東會召集規則上，對於委託書確認之方法有附帶規定者，或是經董事會決議而有規定時，此時就得依照公司所規定的方法來確認。部分上市公司在股東權代理之確認方法上，要求在行使書面表決時應一併提出委託書，此時就得確認是否附上委託書。又委託書徵收規則規定委託書與格式，必須每個議案個別設有表決欄，讓股東塡入贊成、反對之意見，因此若無設定表決欄之委託書即爲無效，公司要注意確認之。但股東未於表決欄記入贊成與否之意見時，應視爲空白委託是屬於有效之委託書。委託書於股東會開會後，公司負有一定期間保存之義務，且因委託書只能在該次股東會使用，所以股東必須每一次出具委託書，無法做數次連續委託，公司必須確認是否爲該次股東會之委託書。

二、委託書眞僞之確認

　　關於委託書眞僞之確認，最直接的就是確認委託書簽名蓋章的眞僞。而委託書上簽名蓋章之眞僞確認方法，一種是印鑑證明的佐證，再者就是核對委託書簽名蓋章與留存之簽名蓋章是否相同。前者要求股東提出印鑑證明，這對股東本人負擔過重；後者是要求公司要核對委託書簽名蓋章與原留存公司之簽名蓋章是否一致，實際上公司無法應付在股東會臨會前短時間內湧進大批股東，這對公司也是負擔過大的要求。斟酌考量實際

情況，以印鑑證明提出以及核對簽名蓋章兩者均可免除之解釋，較爲妥適合乎情理。因此公司只負責對委託書上有無簽名蓋章的形式確認，而對於委託書上簽名蓋章的眞僞，不負實質審查的責任，但是公司爲確認有故意重大過失時，不在此限。

至於委託書有公司製定以及私製委託書之別，股東使用公司製定委託書，其格式要件是不存問題的，而私製委託書就得對其適格性確認，但兩者之效力沒有區別。公司雖然製定有委託書並不能因此而排除私製委託書之使用。即使公司有特別規定不得使用私製委託書者，亦然。

第六章

股東閱覽抄錄請求權

問題  **股東可請求閱覽之書類以及公司應備置這些書類之方法為何？**

要點！

- 公司如何備置保管書類有哪些？超過備置保管期間是否即可銷毀？
- 股東可請求閱覽有哪些書類？
- 股東如何向公司請求閱覽這些書類？
- 公司違反備置保管以及供閱覽之義務時，效力如何？

參考條文

　　公司法第23條、第40條、第48條、第98條、第183條、第189條、第202條、第207條、第210條、第229條、第289條、第298條、第332條；商業會計法第38條、第71條、第76條及第78條。

※相關問題：問題51。

說 明

股東為公司利益之剩餘權人，對公司業務之經營者，本有隨時監察與監督之權利，此由無限公司及有限公司之不執行業務股東[1]，得隨時向執行業務之股東質詢公司營業情形，並查閱財產文件、帳簿、表冊，可看出股東擁有閱覽抄錄請求權行使之範圍極廣，幾乎可涵蓋公司所有之業務經營活動。因渠等公司具有人合之性質，較為封閉性，股東彼此熟悉且人數有限，可作如此之規範與運作；在資合之股份有限公司組織結構下，股東之監督權已多數移由常設之監督機關（監察人）執行，股東僅保有對部分書類之閱覽抄錄請求權。又股東閱覽權為股東權之一，屬於公益權之性質，析言之，股東係基於公司之利益，亦即全體股東利益之考量。

相對而言，公司經營權已委由董事會執行，經營活動相關文件資料之保管，亦為業務經營之一環，要求公司備置並妥善保存相關重要書類，亦是理所當然之事，除為盡保存公司財物之責外，也可供股東請求閱覽抄錄所需，亦能備供未來萬一發生爭訟事件時，作為重要之書面證據。本書以下探討重點即以股份有限公司為主。

---

[1] 有限公司不執行業務之股東，依公司法第109條規定，均得行使監察權；其監察權之行使，準用第48條之規定。兩合公司之有限責任股東，依公司法第118條第2項之規定，得於每會計年度終了時，查閱公司帳目、業務及財產情形；必要時，法院得因有限責任股東之聲請，許其隨時檢查公司帳目、業務及財產之情形。

一、公司應備置於本公司之書類以及備置保管方法分述如下

(一) 章程

　　章程是公司組織的根本，在無限公司、有限公司與兩合公司等富有人合性質之公司，均要求股東應以全體之同意，訂立章程，簽名或蓋章，除由每位股東每人各執一份外，並須置於本公司（公司法第40條、第98條），蓋彰顯章程之重要性，不容滅失。在資合之股份有限公司組織，除應以全體發起人之同意訂立章程，並簽名或蓋章外，由於其股東人數較多且股份得自由轉讓，股東之異動必十分頻仍，如要求每位股東每人各執一份章程，不符實際也不可行，因此備置於本公司是順理成章之理，並責以董事會有備置之義務（公司法第210條）[2]。

(二) 股東名簿

　　股份有限公司以外之其他型態公司，股東之加入與退出須徵得其他股東同意，股東之姓名、住所與出資額等資料直接記載於章程中，不另備股東名簿。股份有限公司股東較多且隨時都可能異動，股東名簿備置（公司法第210條）是公司與股東間聯絡（如發股東會議通知）與權利歸屬（如股利發放）的重要依據，也是股東與股東間取得聯繫的資料來源[3]，因此規定董事會應將股東名簿備置於本公司或股務代理機構。

---

[2]　如果是外國公司在我國境內營業者，應經認許並辦理分公司登記，亦須將章程備置於中華民國境內指定之訴訟及非訴訟代理人處所，或其分公司（公司法第374條）。

[3]　外國公司如有無限責任股東者，並應將其名冊備置於中華民國境內指定之訴訟及非訴訟代理人處所，或其分公司。

(三) 歷屆股東會議事錄

股東會議事錄記載公司之重要議決事項，除應於會後二十日內分發[4]各股東外，董事會應將歷屆股東會議事錄備置於本公司（公司法第210條）。而股東會出席股東之簽名簿及代理出席之委託書，亦是股東會議事錄之重要文件，用以證明股東出席會議之情況，本應隨之保存，惟因其數量較龐大，且股東出席人數比例是否達法定門檻，屬於股東會之召集程序或其決議方法有無違反法令或章程之範疇，依公司法第189條規定，股東得自股東會決議之日起三十日內，訴請法院撤銷其決議，如逾期即不得再為主張，故未要求公司永久備置並保存股東會出席股東之簽名簿及代理出席之委託書。

(四) 董事會議事錄

我國公司法制在2000年公司法修改後，導入美國制度中董事會為業務執行機關的設計，負責公司經營之決策，為通常性公司業務執行權之持（專）有機關，並擁有指揮以及監督之權限，是公司經營發展的主要常設機關。而董事會是由董事所構成之合議制機關，係以會議決議方式運作，因此其會議事錄極為重要，公司法第207條規定董事會議事錄之製作、分發及保存等準用第183條關於股東會議事錄之規定。

(五) 財務報表[5]

依公司法第210條第1項規定，董事會應將財務報表備置於本公司，而

---

[4] 因應資訊數位化趨勢，股東會議事錄之製作及分發，得以電子方式為之；公開發行股票之公司，並得以公告方式以代替個別股東之逐一分發。

[5] 如為公開發行以上之公司，另依證券交易法第14條規定應定期（分全年度、期中及每季）編財務報告送主管機關，其所謂財務報告係指財務報表、重要會計項目明細表及其他有助於使用人決策之揭露事項及說明。同時，依同法第37條第4項規定，應備置於公司及其分支機構，以供股東及公司債權人之查閱或抄錄。

所稱「財務報表」，按經濟部參照商業會計法第28條及第29條所爲函示，包含資產負債表、綜合損益表、現金流量表、權益變動表及各款報表應予必要之附註[6]。

1. 資產負債表

係反映公司（或商業）特定日（採曆年制者爲每年12月31日）之財務狀況，其要素包括資產、負債及權益三大要項，表達公司資源的運用配置（以資產呈現）與取得來源（來自外部者爲負債，來自內部股東者爲權益）的情況。

2. 綜合損益表

係反映公司（或商業）報導期間（採曆年制者爲每年1月1日至12月31日）之經營績效，其要素包括收益及費損兩項，表達公司的營業收入、營業成本、營業費用、營業損益與其他費用之收支損益狀況。

3. 權益變動表

係反映公司（或商業）報導期間（採曆年制者爲每年1月1日至12月31日）之股東權益變動情形，通常包括資本（股本）、資本公積、法定盈餘公積、特別盈餘公積、未分配盈餘（包括本期損益）及其他調整項目，表達公司股東權益的變動情形，其淨值亦顯示股東剩餘財產分配權益之金額。

4. 現金流量表

係反映公司（或商業）報導期間（採曆年制者爲每年1月1日至12月31日）之現金（含約當現金）流入及流出匯總，通常區分爲營業、投資及融資三方面，表達公司的營業、投資及融資活動情形。

---

[6]　經濟部2004年1月28日經商字第09302000950號函，惟本文已依2014年6月8日修正後之商業會計法第28條及第29條條文之財務報表名稱用語，原函所指財務報表「包含資產負債表、損益表、現金流量表、業主權益變動表或累積盈虧變動表或盈虧撥補表及各款報表應予必要之註釋」。

以上財務報表在每會計年度終了，董事會應編造並於股東常會開會三十日前交監察人查核後，提送股東常會請求承認；且應於股東常會開會十日前，備置於本公司；俟經股東常會承認後，董事會應將財務報表（及盈餘分派或虧損撥補）之決議，分發各股東。因此，財務報表除公開發行或上市上櫃公司有半年或各季（簡易）財務報表外，通常以年度為主，並以股東常會決議通過之財務報表為主。

(六) 公司債存根簿

公司籌募所需長期資金的來源，除以資本方式由內部股東提供外，通常係向金融機構以融資方式或在證券市場以發行公司債方式取得，由於公司債之發行具有長期穩定之低利率，又可搭配參與盈餘分配或轉換股份與附認股權等之設計彈性，是許多公司主要取得資金之管道。因此，公司債債權人對公司而言，具有潛在或準股東之地位，而其相關資料之登載則以公司債存根簿為之。依公司法第258條第1項規定，公司債存根簿應將所有債券依次編號，並載明下列事項：

1. 公司債債權人之姓名或名稱及住所或居所（無記名債券，應以載明無記名字樣替代）。

2. 公司債總額及債券每張之金額、公司債之利率、公司債償還方法及期限、公司債權人之受託人名稱、公司債之發行擔保及保證、可轉換股份之轉換及附認股權之可認購事項。

3. 公司債發行之年、月、日。

4. 各債券持有人取得債券之年、月、日。

復依公司法第210條第1項之規定，董事會應將公司債存根簿備置於本公司或股務代理機構。

(七) 重整債權人及股東清冊

公開發行股票或公司債之公司因財務困難，而暫停營業或有停業之虞

者，得由公司或利害關係人向法院聲請重整，期有重建更生之機會（公司法第298條）：重整監督人，於權利申報期間屆滿後，應依其初步審查之結果，分別製作優先重整債權人、有擔保重整債權人、無擔保重整債權人及股東清冊，載明權利之性質、金額及表決權數額，於第289條第1項第2款期日之三日前，聲報法院及備置於適當處所，並公告其開始備置日期及處所，以供重整債權人、股東及其他利害關係人查閱。

除上述書類外，另每屆會計年度終了，公司應依公司法第20條規定，將營業報告書、財務報表及盈餘分派或虧損撥補之議案，提請股東同意或股東常會承認。在股東常會開會十日前，應將董事會所造具之各項表冊與監察人之報告書，備置於本公司，股東得隨時查閱，並得偕同其所委託之律師或會計師查閱（公司法第229條）。此規範係針對股東於出席股東常會前，能先瞭解當次會議之相關內容，以做為參與股東常會表決之重要參考。由於此等書類文件，係為暫時性之參考文件，並未正式確認，俟股東常會召開完畢，其正式內容即納入股東常會議事錄（通常以附件方式併入）中，故本書暫將予此等書類文件排除[7]，未併入下列討論。

二、應備置書類之保管期間與逾期銷毀

公司應備置書類之保管期間整理如下表：

---

[7] 此外，公開發行股票之公司董事選舉，採候選人提名制度者，董事會或其他召集權人審查董事被提名人之作業過程應作成紀錄，其保存期限至少為一年（公司法第192條之1第6項）。但經股東對董事選舉提起訴訟者，應保存至訴訟終結為止。公司負責人違反此項規定者，處新臺幣1萬元以上5萬元以下罰鍰（同條第8項），併予敘明。

表6-1　股份有限公司應備置書類名稱及保管期間一覽表

書類名稱	保管期間	備　　註
章程	永久保存	
股東名簿	永久保存	
歷屆股東會議事錄	永久保存	出席股東之簽名簿及代理出席之委託書,其保存期限至少為1年。但經股東依第189條提起訴訟者,應保存至訴訟終結為止。[8]
董事會議事錄	永久保存	出席董事之簽名簿及代理出席之委託書,其保存期限至少為1年。[9]
財務報表	保存10年[10]	應於年度決算程序辦理終了後起算,但有關未結會計事項者,不在此限。
公司債存根簿	永久保存	

資料來源:本書自行整理。

　　由上表可知,除出席股東或董事之簽名簿、代理出席之委託書及財務報表有保存期限外,其餘書類應於公司存續期間內永久保存。如公司解散或廢止登記而進行清算後,應自清算完結聲報法院之日起,將各項簿冊及文件,保存十年[11]。至於已逾保存期限之書類文件,除有關訴訟或會計事項尚未終結者,應繼續保存至相關程序終結後始能銷毀外,應即可得予銷毀。

---

[8]　公司法第183條第5項規定。

[9]　公司法第207條準用同法第183條第5項規定。

[10]　公司法並未明文規定,此為商業會計法第38條第2項之規定。但每年之財務報表必須提送(次年)股東常會承認,即被納入股東常會議事錄中,隨之永久保存。故本文認為財務報表(含附隨於會計帳冊之董事會編製或送簽證會計師查核簽證之財務報表)保存期限至少為十年,於此期限公司即無單獨保存之義務。

[11]　公司法第332條規定,其保存人由清算人及其利害關係人聲請法院指定之。

三、股東可向公司請求閱覽書類及其請求閱覽的方法

(一) 股東可向公司請求閱覽書類

　　股東閱覽權爲股東權之一，屬於公益權之性質，析言之，股東基於公司之利益（公益目的）依公司法明文規定，可向公司請求閱覽書類者，計有章程及簿冊（股東名簿、歷屆股東會議事錄、財務報表、公司債存根簿等[12]），而董事會議事錄及其他會計帳簿或財務業務契約等書類文件，股東可否向公司請求閱覽？由於主管機關之法令解釋認爲，這些並非公司法所明定可請求閱覽之簿冊範圍[13]，且實務上公司管理階層亦會以涉及公司業務經營執行過程，攸關公司商機與經營策略之決策，屬於商業機密之範疇，而拒絕股東之閱覽請求。不過本書認爲，在公司資訊日益公開之時代，僅以法無明文或商業機密爲由，即予否決股東閱覽之請求，頗有商榷之餘地。一般而言，公開發行以上之公司對於書類文件保管，本應建立一套制度，特別是屬公司業務之機密，也有分級保密之期限與措施，如爲營業秘密者更應有其保護機制，對於接觸者、使用者與保管者均有所規範，始有法律保障之必要。因此，股東提出請求閱覽章程及簿冊時，應基於其公益之目的，始能認定其所欲閱覽之範圍是否適當，而非以非公司法所明定及商業機密爲由，決定股東得請求閱覽之書類範圍。

(二) 股東向公司請求閱覽書類的方法

　　依公司法第210條第2項規定，股東得隨時但須指定範圍，向公司請求查閱或抄錄同條第1項章程及簿冊，申請方法詳述如下：

---

[12] 經濟部1992年12月8日商232851號函示略以：查公司法第210條第2項規定：「前項章程及簿冊，股東及公司之債權人得檢具利害關係證明文件，指定範圍，隨時請求查閱或抄錄」，其中「簿冊」係指歷屆股東會議事錄、資產負債表、股東名簿及公司債存根簿，尚不包括財務業務契約在內。

[13] 經濟部2010年12月17日經商字第09900176780號函。

1. 申請時間

上述公司法第210條第2項規定股東得隨時提出請求，其意旨係避免公司以時間因素[14]限制股東之請求權，例如公司以作業要點規定，股東須於股東會召開前七天內，始得申請閱覽公司章程或股東名簿，即屬違法規定為無效。但此處所指隨時並非指每天的任何時候，仍應於公司正常的上班時間提出申請，始符合實務慣例。

2. 申請人身分

需與公司具有利害關係之股東及公司之債權人始得申請。通常股東之身分可從公司備置之股東名簿可查得，惟股東如未依公司法第165條第1項規定向公司辦妥過戶手續者，雖可檢附已背書轉讓股票及證券交易稅繳款書等證明股份轉讓與股東身分之文件，惟其轉讓因不得對抗公司，公司通常要求仍須辦妥過戶手續，始得申請閱覽抄錄；同時，如正逢不得辦理股東名簿記載變更（通稱停止過戶）之期間，即無法及時申請。又董事及監察人雖不具股東身分，但董事為執行業務而依其權責自有查閱或抄錄公司法第210條第1項有關章程、簿冊之權[15]，且得個別為之，毋庸經董事會決議[16]；監察人依公司法第218條規定，得隨時查核公司簿冊文件[17]。上述之申請人如不克親自辦理時，均得出具委任書委任他人為為查閱或抄錄[18]。

3. 申請受理對象

股東請求閱覽書類時，原則上係向公司提出請求，惟如公司將股東名

---

[14] 經濟部2003年4月23日商字第09202076190號函中解釋所謂「隨時」並無時間或次數之限制。

[15] 經濟部1987年4月18日商字第17612號函、2005年7月5日經商字第09409012260號函、2008年6月6日經商字第09702069420號函、2012年7月17日經商字第10102090690號函及2013年6月13日經商字第10200063220號函。

[16] 經濟部2012年7月17日經商字第10102090690號函及2013年6月13日經商字第10200063220號函。

[17] 經濟部2012年7月17日經商字第10102090690號函及2015年1月26日經商字第10402004500號函。

[18] 經濟部2007年3月30日經商字第09602408050號函。

簿及公司債存根簿備置於股務代理機構者，則可委託股務代理機構受理股東之請求。至於公司如遇因故暫停營業或解散清算期間，公司登記地址或營業處所已無人員上班者，公司則應另指定受理申請之處所及辦理之單位或人員；股東如遇有公司他遷不明，無法請求閱覽時，本書建議改向代表公司之董事或清算人爲請求之表示，可資救濟。

4. 申請理由

股東請求閱覽時是否需敘明理由，法並未明定，惟依公司法第210條第3項針對代表公司之董事如無正當理由而拒絕查閱或抄錄者，有處予罰鍰之規定，亦即公司對於股東之請求並非漫無限制而是有正當理由之准駁權限[19]，故股東於申請時應敘明理由，俾供公司審酌准駁之參考依據。

5. 利害關係證明文件

係指能表明自己身分並與公司間有利害關係之證明文件[20]。

6. 申請範圍

由於股東得請求閱覽之書類繁多，因此向公司提出請求時，須指定欲閱覽之書件名稱，例如最新之股東名簿或104年度財務報表，以方便公司審查確定並準備該等書類俾供股東閱覽抄錄。又「指定範圍」乃指股東及公司之債權人指定與其有利害關係之範圍而言。

7. 閱覽方式

股東請求閱覽之方式，可以現場查閱書件方式，由公司提供書類原始文件，股東於公司指定處所翻閱完畢後歸還，或請求以抄錄的方式，請公司提供書類之抄本或附印（影）本；股東亦可先請求查閱書類後，再請求

---

[19] 查公司法第210條第2項規定股東及公司債權人得隨時請求查閱或抄錄公司章程、歷屆股東會議事錄、資產負債表、損益表等有關簿冊，又依同條第3項公司負責人如無正當理由而拒絕查閱或抄錄者，科以處罰之規定觀之，公司股東及公司債權人申請查閱或抄錄者，自應聲敘理由（經濟部1974年4月4日商08576號）。

[20] 經濟部1983年10月11日商41318號函、2003年6月16日商字第09202119150號函及2012年7月17日經商字第10102090690號函。

公司提供所欲參考書類之抄本或影本，乃當然之理，公司仍應受理。

四、公司違反備置保管以及提供閱覽義務時之效力

　　為確保公司重要書類文件之保存及股東隨時請求閱覽之權利，公司違反備置保管備置保管以及供閱覽義務時，將發生下列效力：

(一) 行政責任──受行政罰處分

　　1. 依公司法第210條第3項規定，代表公司之董事，不備置章程、簿冊，或無正當理由而拒絕查閱或抄錄者，處新臺幣1萬元以上5萬元以下罰鍰。

　　2. 依商業會計法第76條第3款規定，未規定期限保存會計帳簿、報表或憑證者，代表商業之負責人、經理人、主辦及經辦會計人員，處新臺幣6萬元以上30萬元以下罰鍰。

　　3. 依商業會計法第78條第3款規定，不將決算報表備置於本機構或無正當理由拒絕利害關係人查閱者，代表商業之負責人、經理人、主辦及經辦會計人員，處新臺幣3萬元以上15萬元以下罰鍰。

　　4. 如為公開發行以上之公司，有不依規定製作、申報、公告、備置或保存財務報告之情事者，依證券交易法第178條第1項第4款規定，處新臺幣24萬元以上240萬元以下罰鍰。

(二) 民事責任

　　1. 公司未備置保管書類文件，屬於違反盡善良管理人之注意義務，如有致公司受有損害者，公司負責人對於公司負損害賠償責任（公司法第23條第1項）。此亦為公司業務執行而違反法令之行為，如致他人受有損害時，對他人應與公司負連帶賠償之責（公司法第23條）。

　　2. 公司無正當理由拒絕股東查閱或抄錄之請求者，即違反提供閱覽

義務時，股東得基於請求權循法律途徑，以公司爲被告，提起給付之訴，聲請公司履行義務；如因而受有損害時，得基於損害賠償請求公司及公司負責人負連帶賠償之責。

(三) 刑事責任

商業負責人、主辦及經辦會計人員或依法受託代他人處理會計事務之人員，如有故意使應保存之會計帳簿報表滅失毀損之情事者，依商業會計法第71條第2款之規定，應處五年以下有期徒刑、拘役或科或併科新臺幣60萬元以下罰金之刑事責任。

另公司於辦理本項書類保管與提供股東及債權人查閱或抄錄，可能會對是否涉及違反個人資料保護法問題產生疑義，蓋個人資料保護法（以下簡稱個資法）之性質爲普通法，個人資料之利用如係其他法律明定應公開或提供者，性質上爲個資法之特別規定，保有機關自得依該特別規定提供之[21]，而公司法第210條第1項、第2項及第218條第1項既已明定公司董事會應將股東名冊及相關簿冊備置於本公司或股務代理機關，供利害關係人查閱或抄錄，則有關提供個人資料之部分，自應優先適用上開公司法之規定，尚無牴觸個資法之問題[22]。

---

[21] 法務部2011年3月30日法律決字第1000002151號函及電腦處理個人資料保護法第2條刪除理由。
[22] 經濟部2013年1月7日經商字第10100727370號函。

問題 51　股東請求閱覽抄錄時，公司應如何對應？

要點！

- 股東請求要件如何確認，判斷是合法請求時有何注意點？
- 閱覽、複印以及抄本交付之請求有何不同？

參考條文

公司法第165條、第210條；行政程序法第46條。

※相關問題：問題50、問題52。

說　明

　　股東請求閱覽書類文件時，公司應進行相關審查請求之合法性後，再準備書類文件提供聲請人進行查閱，茲分述如下：

一、先確認申請人必須適格，亦即在申請當時申請人須具有股東之身分。由於股份有限公司股東之股份雖得隨時自由轉讓，但依公司法第165條第1項規定，股份之轉讓，非將受讓人之姓名或名稱及住所或居所，記載於公司股東名簿，不得以其轉讓對抗公司。因此，公司可核對其與公司所備置股東名簿之姓名或名稱是否相符，如尚未記載者，得請其辦妥登記後或併案申請股東名簿記載之變更登記，審查符合者始得合法請求。惟應注意者，申請股東名簿記載變更有閉鎖期間之規定[23]，在此期間股東無法辦理變更登記，可能遭公司以此為理由拒絕其請求。至於股東因事委由代理人向公司行使請求閱覽時，只要出具可資證明其代理之文件，公司仍應許其辦理。

二、其次，依主管機關之看法，認為從公司法第210條第3項，公司負責人如無正當理由而拒絕股東及公司債權人查閱或抄錄者，科以處罰之規定觀之，公司股東及公司債權人申請查閱或抄錄者，自應聲敘理由[24]。因此，實務上公司要求股東提出請求之理由，並審視其理由是否正當，而以請求理由不正當為由，拒絕其查閱或抄錄。本書認為，股東請求閱覽權為公益權之一，其目的必須為公司（全體股東）之利益，而非以個人私利為考量，因此股東申請之理由與公司據以拒絕申請之正當理由，均應以股東申請理由是否符合公益目的為基準，再審酌其閱覽書類之範圍是否符合該目的所必須之文件，始能保持客觀並

---

[23] 依公司法第165條第2項規定，股東名簿記載之變更，於股東常會開會前（自開會日起算）三十日內，股東臨時會開會前十五日內，或公司決定分派股息及紅利或其他利益之基準日前（自基準日起算）五日內，不得為之。又公開發行股票之公司依同條第3項規定，於股東常會開會前六十日內，股東臨時會開會前三十日內，不得為股東名簿記載之變更。

[24] 經濟部1974年4月4日商字第08576號函。

能於拒絕後,受行政主管機關及司法機關之檢視[25]。

三、審閱其利害關係文件及所指定查閱抄錄書類之範圍。如前述(參考問題50)股東申請閱覽時,須檢附與公司間有利害關係之證明文件,且指定閱覽書類之範圍,利害關係文件除供公司審查申請人是否適格外,亦是公司審酌其申請目的是否符合公益之重要參考文件,股東能提供具體文件以佐證其目的,有利於公司之審查判斷,也可避免爭議。

四、確認股東請求查閱之方式,公司法並未明文規範,應類推適用行政程序法第46條第1項規定,得以申請閱覽、抄寫、複印或攝影方式爲之,閱覽係當事人於公司所指定或提供之閱覽場所內,由公司提供原件資料,當事人自行翻閱書類文件,閱畢即歸還原件予公司;如認爲書類內容資料容易忘記者,則當事人閱覽時亦得自行抄寫至其他紙張或載具中;亦有閱覽後或未閱覽而直接請求提供書類之複印或抄本[26]文件者,公司則應交付影本或抄本;由於複製技術與儲存媒體發達,則有當事人在閱覽時,會以相機或手機攝影方式爲之,以取得原件影像,公司應許其爲之。

五、至於申請程序、應注意事項與應具備申請文件格式,或得否以通信或網路申請方式辦理,以及是否收費等技術性問題,如公司已制定相關規範並公告周知者,股東自應遵守其規定,如未有規範者,應依一般慣例並求便利爲原則辦理之。另因應個人資料之安全或保密規定,如書類內容涉及個人資料部分,則申請人於使用或保存仍應依個人資料保護法有關規定辦理。

---

[25] 股東申請閱覽章程及簿冊遭公司拒絕時,如認爲公司並無正當理由而拒絕,得向行政主管機關請求依公司法第210條第3項規定處罰公司負責人,並得向法院提起請求給付之訴,命公司提供所需之文件。

[26] 抄本是指重新製作一份與原件格式內容相同之文件,與公文之副本類似,但抄本不蓋印,副本會蓋印。由於現代複印機器十分方便,文件亦多以電子方式儲存,同常會以複印或重新列印原件方式產生一份與原件相同之文件,而在其上註明(蓋戳)抄本。

問題 **52** **公司有什麼正當理由可拒絕股東請求閱覽書類？**

要點！

• 有什麼正當理由可拒絕？

參考條文

　　公司法第202條、第210條。

※相關問題：問題50、問題51。

說　明

　　依公司法第210條第2項規定，股東得隨時但須指定範圍向公司提出請求閱覽書類文件，公司如無正當理由而拒絕股東查閱或抄錄者，代表公司之董事將可依同法同條第3項規定，處新臺幣1萬元以上5萬元以下罰鍰。所謂「正當理由」爲何，法未明確規定，可從股東閱覽權爲公益權之性質，應以公益目的爲基準，雖可容由公司自行審查判斷，惟如股東無法認同時，必向公司主管機關申請依法予以處罰，故最後對於「正當理由」之認定，仍以主管機關之認定爲依據，當事人如對主管機關（處分）意見不服，則依訴願及行政訴訟方式以爲救濟，亦可逕向法院提起訴訟請求公司提供。

　　依本書之看法，如以涉及公司業務機密或以個人資料保護爲由，難以作爲公司拒絕股東請求查閱之「正當理由」（請參考問題51）。爲避免公司主辦人員與股東間爲此之爭議，本書建議公司得以訂定申請作業須知或規範方式，將以下諸理由列爲公司得拒絕股東及債權人請求閱覽或抄錄：
一、聲請人非公司之適格股東。
二、請求之理由並非公益之目的。
三、請求查閱之書類非該公益目的之必要文件範圍。
四、請求之書類因案在調查或訴訟期間，遭司法機關調卷或扣押。
五、請求之書類已逾保存期限而銷毀。
五、請求之書類因天災人禍等因素而毀滅且無法重製恢復者。

　　上揭第二項及第三項之理由，須由股東所提出之申請理由、利害關係文件及所指定查閱抄錄書類之範圍，並以是否爲所欲達成之公益目的所必須爲依據，依個案判斷。例如股東擬以販售股東個人資料或僅以爲聯絡股東間情誼或爲私事需聯絡某位股東爲由，向公司申請閱覽或抄錄股東名簿，公司自得以其申請理由非爲公益目的爲加以拒絕。又若股東以對於股東會某項決議內容所疑義，檢附公司寄發之股東會議事錄（通常爲節本），指定閱覽該次股東會議事錄、股東出席簽到簿、委託書及最新之股

東名簿者，其申請理由係基於股東會之決議影響全體股東之利益，且檢附公司所寄發之股東會議事錄，並具體指出對某項決議內容有疑義，應符合公益目的之基準，其所指定閱覽該次股東會議事錄、股東出席簽到簿及委託書等文件，亦為其釐清股東會議決議內容所必要之文件，公司應予提供。但是，申請查閱最新之股東名簿部分，則與其欲確認之該次股東會出席股東不同，非其必要之範圍，公司得以拒絕其請求；股東如改為申請查閱當次股東會召開時股東名簿者，公司則應予提供，但得遮蓋或刪除股東登記之地址等個人資料，僅提供股東戶號、姓名及持股數等資料供其比對使用，則屬正當。

問題 **53** 公司可以拒絕股東請求閱覽會計帳冊嗎？

要點！

* 有哪些拒絕理由？

參考條文

公司法第48條、第109條、第118條及第210條。

※相關問題：問題50、問題52、問題54、問題55。

說　明

　　公司股東通常並不親自執行業務之經營權，而委由其他具專業知能之執行業務股東或董事為之，而基於對公司所有權之基礎，本有之監察權與監督權則視公司組織型態而有不同之行使方式。

　　在無限公司之場合，股東人數較少且對於公司債務負連帶無限清償責任，故依公司法第48條規定，仍採由股東親自執行之態樣，不執行業務之股東得隨時向執行業務之股東質詢公司營業情形（監督權），以及查閱財產文件、帳簿、表冊（監察權之行使）。但在兩合公司之場合，有限責任股東對於公司債務以出資額為限負其責任，又不得執行公司業務，因此採得於每會計年度終了時，查閱公司帳目、業務及財產情形；而於必要時，得經聲請法院准許隨時檢查公司帳目、業務及財產之情形（公司法第118條）。在有限公司之場合，股東對於公司債務均以出資額為限，而採業務經營權由執行業務之股東擔當，不執行業務之股東則均得行使監察權方式，其監察權之行使則準用無限公司不執行業務股東之規定（公司法第109條）。

　　在股份有限公司之場合，由於股東人數較多且得自由轉讓，其經營權與監察權均以委任董事、監察人行使，故採較為嚴密之分工制度設計，原則上所有權人（股東）不親自執行監察權及監督權，監察權係由股東會選舉監察人（監察機關）執行之，而業務執行時之監督權則委由董事會（執行機關）中各董事為之。股東則依委任關係於股東（長）會中，聽取董事會及監察人之業務經營、財務狀況及監察意見報告。股東如欲獨自行使監察權，則須透過法院選派檢查人之制度（請參考第七章問題54及問題55），方得為之。

　　基於上述制度之設計，股份有限公司之股東，除依公司法第210條規定請求查閱財務報表外，並不涵蓋有關營業帳簿之查閱權[27]，股東如請求

---

[27] 經濟部1973年4月9日商字第09379號函釋略以，公司法第210條之規定，係指董事會應將資產

閱覽傳票憑證、日記帳、分類帳等會計帳冊時，公司得以所請求之書類非
得以閱覽之範圍爲由，拒絕其請求。

負債表、損益表等備置於本公司及分公司，並非指營業帳簿而言。

第七章

檢查人選任

問題 **54** 檢查人之職權與責任爲何？

要點！

• 檢查人制度之本質？
• 檢查人職權有哪些？
• 檢查人之責任爲何？

參考條文

　　公司法第8條第2項、第132條第1項、第143條、第145條第1項、第146條、第173條、第184條、第245條、第285條、第294條、第313條、第331條、第352條第1項；非訟事件法第173條、第182條。

※相關問題：問題55。

說 明

一、檢查人制度之本質

(一) 檢查人係股東檢查權之執行者

檢查人代表公司對其委任經營者董事會之檢查，屬於公司內部治理活動性質，基於利益衝突迴避機制之設計，或可能始於董事怠於履行監督權或監察人怠於實施監察權，亦即原有之常設機關未發揮應有之功能，令公司之股東對其所委任之董事（會）存有相當程度之質疑或不信任，本依股東之所有權人地位，即可自行行使檢查權，但囿於少數股東未參與公司業務之經營又缺乏專業知能，並避免股東權益濫用之考量，公司法設計採向法院聲請選派公正之專業人士（通常爲會計師或律師）擔任檢查人，以執行股東之檢查權。

(二) 檢查人與公司間具委任關係

無論由公司選任或法院選派之檢查人，均係公司基於健全業務經營發展之需要，自主性選任或經由法院被動性選派，具公正客觀立場且具專業知識之人士[1]，以公正之立場執行檢查公司業務或財務狀況，性質上是公司委任檢查人檢查業務，因此檢查人與公司間具有委任關係，檢查人在其執行職務範圍內，亦爲公司負責人（公司法第8條第2項），對公司負有忠實義務與善良管理人之注意義務，如有違反義務並應負其責任。

---

[1] 通常由法院選派之檢查人，均函請會計師公會推薦與當事人無利害關係之會計師爲檢查人，以期客觀公平，而不會依聲請人所特別指定之人選，以免檢查人有偏頗之立場，可參考臺灣板橋地方法院91年度司字第345號民事裁定、臺灣臺中地方法院93年度聲字第1819號民事裁定。

(三) 檢查人係法定、任意、臨時之監督機關

檢查人係由公司法所創設之制度，故屬法定機關；又檢查人之選任與否，係由選任機關斟酌決定，又屬任意機關；另公司並非須經常設有檢查人，於必要時始臨時選任之，故又屬臨時之監督機關。

(四) 檢查人僅有報告權，無糾正、制止或處分權

蓋如前述，選派檢查人進行業務檢查，具有公司內部治理活動之性質。在公司選任檢查人之場合，檢查人依據創立會或股東會之委託事項進行調查，檢查結果則向該創立會或股東會報告已足，結果是否被採納或業務缺失如何處置等，均在所不問。而法院選派之檢查人，執行之檢查結果，係直接向法院報告，供法院於裁定重整准駁之參考，或認為必要時，得命監察人召集股東會，自行討論檢查結果之因應作為。

(五) 檢查人具專業與公正之性質

法院依法或依職權選派檢查人時，會審酌其專業性，即須對公司之業務或財務具有專門學識與經驗，且會衡量其公正性，即非公司之利害關係人，以期其檢查或調查結果，能確實表達公司業務與財務之狀況，始能提供法院正確訊息或專業意見，作為相關裁定之參考。在公司選任檢查人之場合，雖不須採法院選派時之審慎嚴格標準，可由股東會任意決定，但基於客觀公正之考量，通常仍會參酌其專業性與公正性。

二、檢查人之職權

檢查人之職權依其產生方式與選任的目的而有所不同，茲分述如下：

(一) 調查發起人應向創立會報告事項[2]之確實性

股份有限公司採募集設立者，由創立會依公司法第146條第1項選任董事、監察人後，即應由董事、監察人調查發起人報告事項之確實性。但董事、監察人如有由發起人當選，且與自身有利害關係時，基於利益迴避之原則，創立會得另選檢查人執行調查，故其職責在於調查發起人之報告事項是否有虛偽情事，並將調查結果向創立會報告。

(二) 調查公司業務及財產狀況

少數股東如欲行使監督權，調查公司業務及財產狀況，依現行公司法之規定，得經由下列兩條途徑：

其一，由少數股東依公司法第173條第1項規定以書面記明提議事項及理由，請求董事會召集股東臨時會；如提出後十五日內，董事會不為召集之通知時，得報經主管機關許可自行召集股東臨時會；於前揭所召集之股東臨時會中，經決議選任檢查人調查公司業務及財產狀況。惟對於檢查人之調查結果如何處理，該條文並未明定，由於此制度之設計係為維護全體股東之權益，而非專為股東個人之權益，為共益權性質，其行使之目的，在防止公司董事會之不當經營。因此，本書認為仍應回歸公司自治之精神，依選任時股東臨時會之決議內容辦理，如亦未為相關之決議，則檢

---

2 發起人應向創立會報告事項，依公司法第145條第1項之規定有下列各項：
一、公司章程。
二、股東名簿。
三、已發行之股份總數。
四、以現金以外之財產抵繳股款者，其姓名及其財產之種類、數量、價格或估價之標準及公司核給之股數。
五、應歸公司負擔之設立費用，及發起人得受報酬。
六、發行特別股者，其股份總數。
七、董事、監察人名單，並註明其住所或居所、國民身分證統一編號或其他經政府核發之身分證明文件字號。

查人自當將調查結果送交公司（委託人），並依分工原則由經營者（董事會）辦理；公司監察人或少數股東如為進一步監督董事會處理情形，自當本於權責或再請求召開股東臨時會，聽取董事會及監察人之報告後，由股東會另為處置之決議。

其二，少數股東依公司法第245條第1項之規定，向法院聲請選派檢查人，檢查公司業務帳目及財產情形，並以書面將其檢查結果報告於法院，而法院就檢查事項認為有必要時，得訊問檢查人（非訟事件法第173條），亦得命監察人召集股東會。此制度仍係以維護股東權益為考量，為防止公司董事會之不當經營，而股東會又易受董事會所操控，致少數股東難以啟動其監督權，而以法律規範救濟途徑，由法院為准駁之裁定，並由法院選派公正之第三人擔任檢查人；同時，對於檢查人之報告，亦由法院審查之，如認為必要時，得命監察人召集股東會，如此之設計，只在避開董事會之操控，並防止少數股東濫權之可能，旨在平衡董事會經營權與股東監督權已足，對於檢查結果之處置，仍回歸公司自治精神，由股東會決議為之。至於法院對於檢查人之調查範圍（例如年度期間或書類範圍等），除認為有指定之必要時，於裁定書中明確載明外，本諸檢查人專業之確信，在法院監督下，應由檢查人依個案事實，以客觀上合理並有實際檢查必要之範圍內，自行裁量。而法院對於檢查人之檢查有妨礙、拒絕或規避行為者，則以處新臺幣2萬元以上10萬元以之下罰鍰，以促進檢查人能順利完成檢查工作。

(三) 查核董事會造具之表冊、監察人之報告

每年度之股東常會[3]查核董事會所造具之表冊及監察人之報告，基於股東會為會議體又缺乏專業知識技能，難以自行實施，雖然可委任會計師

---

[3] 如因故致董事會造具之表冊或監察人之報告，無法於股東常會召開時查核，而須另為召開股東臨時會查核，亦適用本規定。

查核簽證⁴財務報表是否允當表達公司之財務狀況、經營結果與現金流量情形，但股東會如欲進一步瞭解表冊及監察人報告之眞實性時，股東會得以決議方式選任適當人選擔任檢查人。

(四) 檢查清算人所造具之簿冊是否確當

　　當公司清算人進行清償債務與分派賸餘財產予各股東（即清算完結時）後，應於十五日內造具清算期內收支表、損益表，連同各項簿冊，送經監察人審查，並提請股東會承認。股東會得依公司法第331條第2項規定，決議另選檢查人檢查清算人所造具之簿冊是否確實允當。

(五) 公司重整前之調查事項

　　法院對於公開發行股票或公司債公司重整之聲請，在准駁裁定前，得選任檢查人調查公司法第285條第1項所規定事項⁵。檢查人對於公司業務或財務有關之一切簿冊、文件及財產，均得加以檢查，並可詢問公司之董事、監察人、經理人或其他職員等人員，說明有關之業務或財務情形或答覆相關之提問，如有拒絕檢查或不盡答覆之義務者，法院得依檢查人之聲請，處予罰鍰⁶。檢查人完成之調查報告，直接陳報法院，法院並參考

4　依公司法第132條第2項規定，公司資本額達中央主管機關所定一定數額以上者（目前爲實收資本3千萬元以上之公司），其財務報表應先經會計師查核簽證，而公開發行股票之公司，依證券管理機關之規定，亦須經會計師（由兩位經金管會核准具簽證資格之執業會計師）查核簽證。

5　依公司法第285條第1項規定之調查事項包括：
　　一、公司業務、財務狀況及資產估價。
　　二、依公司業務、財務、資產及生產設備之分析，是否尚有重建更生之可能。
　　三、公司以往業務經營之得失及公司負責人執行業務有無怠忽或不當情形。
　　四、聲請書狀所記載事項有無虛僞不實情形。
　　五、聲請人爲公司者，其所提重整方案之可行性。
　　六、其他有關重整之方案。

6　公司法第285條第4項規定，公司之董事、監察人、經理人或其他職員，拒絕檢查，或對詢問

目的事業中央主管機關、證券管理機關、中央金融主管機關及其他有關機關、團體之意見後，爲准許或駁回重整之裁定，並通知各有關機關。

(六) 檢查特別清算程序[7]中公司之業務及財產

當法院命令公司開始特別清算後，依公司財產之狀況有必要時，法院得據清算人或監理人，或繼續六個月以上持有已發行股份總數百分之三以上之股東，或曾爲特別清算聲請之債權人，或占有公司明知之債權總額百分之十以上債權人之聲請，或依職權命令檢查公司之業務及財產。檢查人之調查事項與檢查公司業務或財務有關之一切簿冊、文件及財產，並可詢問公司之董事、監察人、經理人或其他職員等人員，說明有關之業務或財務情形或答覆相關之提問，均準用公司法第285條（關於重整前檢查人之調查事項、職權、義務與責任）規定。

(七) 鑑定公司財務實況

公司法第186條第1項所定，股東聲請法院爲收買股份價格之裁定事件[8]，法院爲裁定前，認必要時，得依非訟事件法第182條第1項規定，選任檢查人鑑定公司財務實況。此項鑑定報告屬於專家意見性質，係爲法院裁定收買股份價格時，除訊問公司負責人及爲聲請之股東較主觀之看法，最爲重要之客觀參考依據。

無正當理由不爲答覆，或爲虛僞陳述者，處新臺幣2萬元以上10萬元以下罰鍰。

[7] 依公司法第335條規定，當公司解散後，如清算之實行發生顯著障礙時，法院依債權人或清算人或股東之聲請或依職權，得命令公司開始特別清算；或清算人發現公司有負債超過資產有不實之嫌疑者，得向法院聲請命令公司開始特別清算。而同法第294條關於破產、和解及強制執行程序當然停止之規定，於特別清算準用之。

[8] 公司法第186條第1項規定，股東於股東會爲第185條決議前，已以書面通知公司反對該項行爲之意思表示，並於股東會已爲反對者，得請求公司以當時公平價格，收買其所有之股份。

三、檢查人之責任

依公司法第8條第2項規定，檢查人在執行職務範圍內亦為公司負責人，因此，檢查人依同法第23條規定，應忠實執行業務並盡善良管理人之注意義務[9]。又由於檢查人執行業務著重於調查或檢查之真實正確性，如有有虛偽陳述時，必須負刑事之責任。

(一) 負損害賠償責任

檢查人無論為公司選任或由法院選派，其與公司間具有委任關係，應以善良管理人之注意，執行其職務，如有違反[10]而致公司受有損害時，對於公司應負民事之損害賠償責任。又如有違反法令致他人受有損害時，則對他人應與公司負連帶賠償之責任。

(二) 刑事責任

由於法院選任檢查人調查公司重整前之應調查事項，其調查報告為法院准許或駁回重整裁定之主要參考依據，貴在事實真相之陳述，因此如有虛偽陳述時，依公司法第313條第3項規定，處一年以下有期徒刑、拘役或科或併科新臺幣6萬元以下罰金之刑事處分。

---

[9]　公司法第313條亦對法院為裁定重整准駁所選派之檢查人規定，應以善良管理人之注意，執行其職務。

[10]　包括執行業務時，違反忠實義務、善良管理人之注意義務或違反法令。

問題 **55** 如何選任（派）檢查人？

要點！

- 檢查人之選任與選派。
- 少數股東聲請法院選派檢查人，「權利濫用」及其資格認定問題。
- 檢查人之報酬。

參考條文

公司法第132條第1項、第143條、第145條第1項、第146條第2項、第173條、第175條、第184條、第245條第1項、第285條、第313條、第331條第2項、第352條第1項；民法第148條；非訟事件法第22條、第174條、第182條第1項。

※相關問題：問題54。

說　明

一、檢查人之選任

　　如問題54之介紹，公司法有關檢查人之選任（派）方式，可分由公司選任及由法院選派二種，謹整理說明如下：

(一) 由公司選任

1. 創立會[11]選任（公司法第146條第2項）

　　股份有限公司設立之創立會，發起人應就公司法第145條第1項所列報告於創立會之各款事項。所選任之董事、監察人如有由發起人當選，且與自身有利害關係者，基於利益迴避之原則，創立會得另選檢查人調查

2. 股東會選任

　　由股東會選任檢查人之情形有三：

　　(1) 由繼續一年以上，持有已發行股份總數百分之三以上股份之股東，依公司法第173條第1項請求董事會所召集，或依同條第2項報經主管機關許可自行召集之股東臨時會，為調查公司業務及財產狀況，得選任檢查人。

　　(2) 股東會依公司法第184條第1項規定，查核董事會造具之表冊及監察人之報告，惟執行本項查核時，由於股東會為會議體又缺乏專業知識技能，難以自行實施，故股東會得以決議方式選任適當人選擔任檢查人。

　　(3) 當公司清算人進行清算完結時，須造具清算期內收支表、損益表，連同各項簿冊，送經監察人審查，並提請股東會承認。股東會得依公

---

[11] 股份有限公司設立而發起人不認足第一次發行之股份時，應採股份招募募足第一次發行股份總數（公司法第132條第1項），於股款繳足後，發起人應於二個月內召開創立會（第143條）。

司法第331條第2項規定，決議另選檢查人檢查清算人所造具之簿冊是否確當。

(二) 由法院選派

1. 法院依少數股東之聲請（公司法第245條第1項）

對於公司之財務、業務狀況的監督，依所有權與經營權分離之原則，原則上應由公司監察人負責，惟考量監察人如有不善盡監督之責情形，而嚴重影響股東及公司利益之情形，公司法制定少數股東聲請法院選派檢查人之輔助機制，透過聲請法院選派檢查人，以檢查公司業務帳目及財產情形，俾使公司維持適法經營，並保障股東之權利。

2. 法院裁定公司重整前之調查（公司法第285條第1項）

法院對於公開發行股票或公司債公司重整之聲請，在准駁裁定前，得選任檢查人檢查公司之簿冊、文件及財產等，提出調查報告以爲准許或駁回重整裁定之參考。

3. 公司特別清算時依聲請或依職權（公司法第352條第1項）

股份有限公司在特別清算中，依公司財產之狀況有必要時，法院得據清算人或監理人，或繼續六個月以上持有已發行股份總數百分之三以上之股東，或曾爲特別清算聲請之債權人，或占有公司明知之債權總額百分之十以上債權人之聲請，或依職權命令檢查公司之業務及財產，並準用公司法第285條之規定。

4. 收買股份價格之裁定事件

依非訟事件法第182條第1項規定，法院爲裁定公司法所定股東聲請法院爲收買股份價格之裁定事件前，除應訊問公司負責人及爲聲請之股東外；必要時，得選任檢查人就公司財務實況，命爲鑑定。

二、少數股東聲請法院選派檢查人，其資格認定與「權利濫用」問題

(一) 少數股東「權利濫用」問題

有關少數股東依公司法第245條第1項聲請法院選派檢查人，檢查公司業務帳目及財產情形，常有被質疑係少數股東利用此制度，以干擾公司業務之正常運作，或做為與公司經營者鬥爭或威脅之工具，而有濫權之情形。為避免股東濫用此一權利，藉此干擾公司之營運，因此公司法特別對聲請股東之「持股時間」與「持股數量」作規範，須繼續一年以上且持有已發行股份總數百分之三以上之股東，始得聲請。

此外，適格之股東提請聲請時，尚須經法院之裁定，依民法第148條：「權利之行使，不得違反公共利益，或以損害他人為主要目的。行使權利，履行義務，應依誠實及信用方法。」之規定，法院於受理少數股東依公司法第245條第1項規定聲請選派檢查人時，仍應審酌裁量少數股東是否有濫用該權利之虞，若少數股東濫用公司法第245條第1項所賦予之權利，法院即不應准許之[12]；反之，法院如無法認定少數股東係濫用公司法第245條第1項所賦予之權利，恣意擾亂公司正常營運，即已符合聲請法院選派公司檢查人之要件，法院自應准許之[13]。故基於保障少數股東權益，而透過聲請法院選派檢察人檢查公司業務與財務情形，以避免公司之不當經營，由於其行使之標的為全體股東之共益權，且其聲請之資格亦受相當之限制，故以少數股東權利濫用之說，以評斷此制度之缺失，似缺乏理由，難以成立。

---

[12] 臺灣臺北地方法院97年度抗字第287號民事裁定。
[13] 最高法院86年度台抗字第108號民事裁定。

(二) 少數股東資格認定問題

繼續一年以上持有公司已發行股份總數百分之三股東，並不以一人爲限[14]，屬必然之事，應無爭議。又在實務上，可能有聲請人於聲請時，確具繼續一年以上持有公司已發行股份總數百分之三之股東身分，惟於法院裁定時，聲請人之持股數並未達於百分之三標準，因選派檢查人事件屬非訟事件，非訟事件法中並無言詞辯論之設計，亦無準用民事訴訟法中有關事實審言詞辯論終結等之明文，故法院無法查知而仍准予選派檢查人[15]。不過，當公司發現有此情況時，通常即依非訟事件法第175條第1項但書規定提起抗告，法院可有審酌聲請人之持股數資格條件而爲准駁之機制，以爲救濟。

其次，選派檢查人事件屬非訟事件，在我國實務上並無追加之規定，亦無法準用民事訴訟法中有關訴訟追加，若聲請人向法院聲請選派檢查人，而所持有之股份合計未達規定之百分之三最低數額時，並無法在聲請之程序中，以追加其他股東爲聲請人，以補足其持有股份數不足之瑕疵，遭法院駁回其請求[16]。

又監察人依公司法第218條，本具有監督權限，亦可行使業務檢查權，隨時調查公司業務與財務之狀況，殊無依公司法第245條第1項規定，向法院聲請選派檢查人檢查公司業務帳目及財產情形之必要。故若股東尙具有監察人身分，則不應准許其聲請法院選派檢查人[17]。

此外，具有董事身分之股東，因董事會採合議制，個別董事受分工限制，除執行經營業務或參與編造公司帳冊，有機會得知公司業務帳目及財

---

[14] 經濟部1991年4月19日經商字第207772號函示略以，按公司法173條第1項所稱「持有已發行股份總數3%以上股份之股東」不以一人爲限，如數股東持有股份總數之和達3%以上亦包括在內。

[15] 臺灣士林地方法院91年度司字第121號民事裁定。

[16] 臺灣高等法院91年度抗字第2821號民事裁定。

[17] 最高法院75年度台抗字第150號裁定。

產情形外，縱使其發揮董事監督之功能，而個人之專業能力與時間仍爲有限，故聲請股東如擔任董事之職務，仍應容許其行使聲請法院選派檢查人之少數股東權利[18]，以補足之監督功能之不足。

三、檢查人之報酬

按檢查人之報酬，除由法院依非訟事件法第182條第1項規定選任之檢查人報酬由公司及聲請人各負擔一半外[19]，餘均由公司負擔，惟其金額如何決定，仍有探討之必要。

(一) 由檢查人與公司協議定之

公司選任之檢查人，係由公司創立會或股東會依決議辦理，檢查人之報酬金額，由公司直接與檢查人議定並自行負擔，應無爭議。而法院選派之檢查人報酬，雖因選派場合而有由法院依其職務之繁簡定之，或由法院徵詢董事及監察人意見後酌定之不同，但依檢查人與公司間之委任關係，其報酬亦得由檢查人與公司協議定之。

(二) 由法院依其職務之繁簡定之

依公司法第285條第1項規定，法院於裁定公司重整前，爲調查事項所選任檢查人之報酬，依同法第313條第1項規定，由法院依其職務之繁簡定之。

---

[18] 實務上，法院亦採取相同見解，臺灣高等法院暨所屬法院95年法律座談會之審查意見。

[19] 但如因可歸責於關係人之事由，致生無益之費用時，法院得依非訟事件法第22條規定，以裁定命其負擔費用之全部或一部。

(三) 金額由法院徵詢董事及監察人意見後酌定之

　　法院選派檢查人之報酬，依非訟事件法第174條規定，由法院徵詢董事及監察人意見後酌定之。惟已如上述，檢查人之報酬依法既應由公司給付，其數額如檢查人與受檢查公司得依協議定之，法院即無須依前述規定酌定，若彼等無法取得協議，自得由應負擔之公司或檢查人向法院聲請酌定。

第八章

股東會會場、開會時間

問題 **56** # 股東會會場如何選定、排置？會場變更如何處理？

要點！

- 我國公司法對於股東會開會之地點，並無明文規定，如章程亦無特別規定者，公司可自由選擇適當地點召開股東會。
- 召開股東常會乃屬董事會之法定責任。有關會場之選定，自應以全體股東皆便於出席股東會為目標；在會場的排置方面，應就出席股東之安全、便利、舒適及議事效率加以整體考量。
- 股東會之開會時間，應考量全體股東是否便利出席，原則上不得早於上午9時，晚於下午3時。

參考條文

公司法第170條、第171條、第189條、第189條之1、第191條。

※相關問題：問題57、問題58、問題59。

說　明

　　股東會是由全體股東所組成之會議體，也是公司最高意思決定機關。股東會係依股東之總意，在公司內部決定公司意思之法定、必備之最高機關。股東會權限之行使，固須召集會議，始得爲之，然其既係法定必備之公司意思決定機關，就其機關地位而言，係屬經常存在而得隨時召集開會之機關，故應屬常設機關。因此，股東會乃成爲法定、必備、常設之機關。雖然在公司法修正後，股東會已由原本之萬能機關變爲權力受限機關，可是舉凡牽涉到選舉董監、解除董事競業禁止、變更章程及公司組織變動等重要議案時，則仍均須經過股東會決議始得進行。

　　我國公司法對於股東會之地點，並無明文規定，如章程已有特別規定者，自應依其規定，否則公司即可自由選擇適當地點召開股東會。有學者認爲，公司股東會爲公司最高決策機關，自應使全體股東皆有參與審議機會，故所選地點不適宜者，似應構成撤銷股東會決議之事由[1]。惟訴請法院撤銷股東會之決議，按公司法第189條，須以股東會之召集程序或其決議方法，違反法令或章程時，始得爲之。公司法既未對股東會開會之地點有何限制，如章程亦未訂定股東會開會地點，則尙不發生股東會之召集程序違反法令或章程之問題，故前開論點自無立論之基礎。2001年修正之公司法已增訂第189條之1，明定法院對於該類撤銷決議之訴，如認爲其違反之事實非屬重大且於決議無影響者，得駁回其請求。因此，股東會之開會地點雖不適宜，無法使全體股東均參與審議，惟其情節非屬重大，且對決議無重大影響，法院得斟酌具體情事，依其職權裁量是否駁回撤銷股東會決議之訴[2]。

---

[1] 柯芳枝，公司法論（上），三民書局，2004年3月，增訂5版三刷，頁227；陳春山，新公司法實務問題，學林文化事業有限公司，2002年8月，1版，頁153；經濟部1996年9月9日經台（57）商字第31763號解釋函亦認爲，公司股東會選擇地點不適宜時，係股東會之召集程序違反法令，可依公司法第189條規定，訴請法院撤銷股東會之決議。

[2] 王泰銓，公司法新論，三民書局，2002年10月，增訂2版一刷，頁401。

　　又依我國司法實務見解[3]，股東臨時會之召集，應於十日前通知各股東；股東會之召集程序或其決議方法，違反法令或章程時，股東得自決議之日起三十日內，訴請法院撤銷其決議。公司法第172條第2項前段、第189條定有明文。而按公司法對於召開股東會之地點、時間並無規定，倘若章程亦無特別規定，原得自由選擇適當地點、時間召開股東會；惟公司股東會為公司最高決策機關，自應使全體股東皆有參與審議之機會。是其召開之地點，應於本公司所在地或便利股東出席且適合股東會召開之地點為之；且召集之通知既應以書面為之，即應於通知書明確記載股東會之時間、地點，以利全體股東參加並行使表決權。因此，如公司指定之股東會地點不恰當，或未於股東會召集通知書上明確載明股東會地點，或以其他不當方法阻撓或妨害股東到達或進入股東會之會場，即應認為股東會之召集程序違法。

　　對企業而言，若遇有爭奪公司經營權時，當權派本不欲使股東會順利召開，致有將股東會地點設於偏遠地區之舉，以交通之不便，迫使股東放棄參加股東會之機會，藉此造成出席股東表決權不足，使股東會無法順利作成決議。為規範股東會亂象，財政部證券管理委員會於1997年8月4日曾發布實施「公開發行公司股東會議事規範」，規定上市、上櫃公司股東會地點，應在本公司所在地或便利股東出席且適合股東會召開之地點為之，會議開始時間不得早於上午9時，晚於下午3時。惟股東會議事規範係屬行政命令之性質，其法律位階猶低於公司法及證券交易法，股東會如違反前開規範，該股東會決議之效力究屬得撤銷？或無效？抑不成立？且行政命令不得訂定罰則，其成效如何？有待探討[4]。前開規定後來轉由臺灣證券交易所訂定「○○股份有限公司股東會議事規則參考範例」，依公司治理原則，由各公司股東會自行訂定其股東會議事規則，內容除原有規定外，另增加「召開之地點及時間，應充分考量獨立董事之意見」。主管機關所

---

[3]　臺灣高等法院102年度上字第855號判決。
[4]　王泰銓，公司法新論，三民書局，2002年10月，增訂2版一刷，頁408-409。

訂定的股東會議事規範，乃於2012年5月15日經行政院金融監督管理委員會金管證交字第1010022298號函停止適用。

另外，股東會的會場設置亦可能有妨礙股東報到、出席之疑慮問題，例如103年國內某上市公司召開股東常會，媒體報導其開會場所打造一條狹長曲折走道設機關，及該場所有違反建築法及消防安全檢查不符合規定等情事，臆測公司是否藉由層層驗核身分之關卡，或拖延報到時間，讓股東無法於開會前進入會場。鑑於現行相關規定，並未就股東會場地之配置有所規範，發行公司倘藉會場設置，妨礙股東進場開會，在無相關罰則情況下，將難以有效規範[5]。

主管機關為加強對證券市場之管理，於1997年12月10日指定臺灣集中保管結算所股份有限公司（下稱集保結算所）辦理股務查核業務。針對前開問題，集保結算所乃依主管機關2014年9月29日證期（交）字第10300303191號函，訂定股東會會場之設置應便利股東出席之原則性規範，避免公司藉由股東會場地之設置，造成股東無法順利進入會場之情形發生，並維護股東權益及證券市場秩序。2015年3月於「股務單位內部控制制度標準規範」增訂公司股東會會場之設置，應便利股東出席且不得設置妨礙股東報到之設施，以及集保結算所得派員檢查股東會場地，公司或其股務代理機構不得拒絕或規避等作業規範[6]。

召開股東會為公司重大事務，經營團隊除要在股東會上向股東報告經營成果外，諸如董監事的選舉或公司章程修訂等重大議案，也要提到股東會上討論並作成決議。為順利召開股東會，臺灣證券交易所於2013年2月27日修訂「股東會議事規則參考範例」，其中第6條增訂，公司應於開會通知書載明受理股東報到時間、報到處地點，及其他應注意事項。前項受

---

[5] 楊婷婷，歷年查核股東會委託書發現之問題及後續管理措施，證券暨期貨月刊，第33卷第11期，2015年11月16日出版，頁22。

[6] 楊婷婷，歷年查核股東會委託書發現之問題及後續管理措施，證券暨期貨月刊，第33卷第11期，2015年11月16日出版，頁24-25。

理股東報到時間至少應於會議開始前三十分鐘辦理之；報到處應有明確標示，並派適足適任人員辦理之。這顯然是針對股東會會場與報到細節的規定，其用意在促進股東會的順利召開。

按公司法第170條規定，股東常會每年至少召開一次，並應於每會計年度終了後六個月內召開。代表公司之董事違反前項召開期限之規定者，處新臺幣1萬元以上5萬元以下罰鍰。又依公司法第171條，股東會除本法另有規定外，由董事會召集之。因此，依法召開股東常會乃屬董事會之法定責任。有關會場之選定，自應以全體股東皆便於出席股東會為目標；在會場的排置方面，應就出席股東之安全、便利、舒適及議事效率加以考量。準此，有關股東會會場的選定、如何排置、會場變更如何處理等問題，均應以促進股東會順利召開為目的，始無悖於董事之忠實義務。

最後就我國法制加以檢討，現行公司法將股東會瑕疵區分為決議程序瑕疵及決議內容瑕疵二種，前者之法律效果為得撤銷（公司法第189條）；後者之法律效果為無效（公司法第191條）。針對股東會地點選定及會場排置所生之問題，通說認為係決議程序瑕疵之範疇，因此得依公司法第189條訴請法院撤銷股東會之決議，但情節輕微且於決議無影響者，法院得依公司法第189條之1條駁回其請求。惟上述程序瑕疵及內容瑕疵之二分法是否妥當，容有進一步討論空間，例如將股東會開會地點設定在一個不存在的地方或完全不適合開股東會的地方，形同侵害股東權之重大程序瑕疵，其法律效果似應解為股東會不成立，而非得撤銷。因此，將股東會瑕疵單純區分為程序或內容之瑕疵，並未能以一刀兩斷方式解決問題，因為重大之程序瑕疵，將會嚴重影響決議之內容。未來公司法修正時，仍應就程序瑕疵之嚴重程度，賦與不同的法律效果。換言之，因重大程序瑕疵而影響決議內容時，其股東會決議應屬無效；若屬一般的程序瑕疵，則歸為得撤銷；若為輕微程序瑕疵，則可由法院駁回撤銷之訴。

問題 *57* 股東會開會時發現會場過小，應如何對策？

要點！

- 會場設置過小，致無法容納全體出席股東，形同剝奪股東出席股東會的權利。若未能進場參加股東會的表決權數足以影響議案之通過與否時，應視為股東會之決議方法違反法令，得訴請法院撤銷之。
- 會場過小之改善對策，宜就原會場附近尋找較大之場所作為替代會場，並應於原會場放置新會場之指引標誌，甚至於原會場留守人員引導股東至新會場開會。
- 如股東會已經開始，則變更股東會會場之措施，應經由股東會決議，始得另覓場地繼續開會。

參考條文

公司法第170條、第171條、第189條、第189條之1；「股東會議事規則參考範例」。

※相關問題：問題56、問題58、問題59。

說　明

　　如問題56所述，會場的排置，應就出席股東之安全、便利、舒適及議事效率加以整體考量。如因會場設置過小，致無法容納全體出席股東，將使參加股東會之股東，擁擠在狹窄空間，可以說相當不舒適，也容易在討論議案時因肢體摩擦而起衝突。整體而言，會場設置過小，不但造成出席股東之不便與不適，甚至影響出席股東之安全。

　　另外，若因會場過小而使部分股東無法入場開會，則形同故意剝奪其參加股東會之權利。在此情形下，股東會所為之決議是否有效？不無疑問。本書認為，若未能進場參加股東會的表決權數足以影響議案之通過與否時，應視為股東會之決議方法違反法令，未進場股東得依公司法第189條規定，自決議之日起三十日內，訴請法院撤銷該次股東會之決議。

　　就股東會之議事效率而言，會場過小容易造成吵雜環境，主席難以控制會場秩序，無法讓發言者充分陳述意見，亦無法讓與會股東完整聆聽發言者之意見，進而形成共識，促進議案之討論與決議。因此，會場過小將有礙股東會之議事效率。

　　會場過小之改善對策，宜就原會場附近尋找較大之場所作為替代會場，並應於原會場放置新會場之指引標誌，甚至於原會場留守人員引導股東至新會場開會。若股東會已經開始，主席就會場過小如何改善一事，應由股東會決議另覓場地繼續開會，以示對在場股東之尊重。有關變更會場應踐行之程序，可參考民國2015年1月28日臺灣證券交易所訂定的「股東會議事規則參考範例」第18條第2項，股東會排定之議程於議事（含臨時動議）未終結前，開會之場地屆時未能繼續使用，得由股東會決議另覓場地繼續開會。換言之，股東會開始後，如出席股東暴增，人潮不斷擁入，出乎意料之外，以致原先會場已無法收容時，得當場由股東會決議另覓場地繼續開會。

　　股東會召開之地點，應於公司所在地或便利股東出席且適合股東會召開之地點為之，且召集之通知既應以書面為之，即應於通知書明確記載股

東會之時間、地點，以利全體股東參加並行使表決權。因此股東會之會場過小，固得臨時加以變更，使股東會順利進行，惟爲保障全體股東參加並行使表決權之權利，召開股東會之地點，應以書面通知爲準且不得臨時加以變更。如原地點無法召開時，應另行啓動召集股東會之程序，以確保全體股東參加股東會之權利。

問題 **58** **股東會開會時發現會場過大，會發生問題嗎？**

要點！

- 會場設置過大，因場地空曠，易形成空間回音，且發言者與聆聽者間距離過遠，致股東不易理解他人之發言內容，亦無法清晰闡述自己意見，有礙股東會議案之討論，實非妥適。
- 會場過大之改善對策，宜就原會場附近尋找較爲適中之場所作爲替代會場，並應於原會場放置新會場之指引標誌，甚至於原會場留守人員引導股東至新會場開會。如無法覓得適當場地，主席亦可請求參加股東會人員，儘量往前集中於某一區域，並測試發言及擴音效果，以改善會場過大之缺點。
- 如股東會已經開始，則變更股東會會場之措施，應經由股東會決議，始得另覓場地繼續開會。

參考條文

公司法第170條、第171條、第189條及第189條之1。

※相關問題：問題56、問題57。

說　明

　　會場的排置，應就出席股東之安全、便利、舒適及議事效率加以整體考量。如會場設置過大，因場地空曠，易形成空間回音，且發言者與聆聽者間距離過遠，致股東不易理解他人之發言內容，亦無法清晰闡述自己意見，有礙股東會議案之討論，並非妥適。

　　理想的股東會場地，後排座位距離主席台不超過30公尺，全體座位不超過主席視角120度範圍內，讓主席不必左右擺頭也能看到全場動態。如果股東人數眾多，可以等比例放大場地，大型場地應於場內多點安裝影音輸出裝置，使場內各處均可清晰聽取發言內容。座位應就預定出席人數估算，並預留20%至30%之寬裕度。總之，場地以大小適中為原則，不能過小也不宜過大。

　　會場過大之改善對策，宜就原會場附近尋找較為適中之場所作為替代會場，並應於原會場放置新會場之指引標誌，甚至於原會場留守人員引導股東至新會場開會。如無法覓得合適場地，主席亦可請求參加股東會人員，儘量往前集中於某一區域，並測試發言及擴音效果，以改善會場過大之缺點。

　　對於會場座位之排設，有些公司會將大股東座位安排在會場前面，對大股東予以特別照應；另外，有些持有股份的員工，亦有可能於開會時先行占用前排座位，這些情形是否有違股東平等原則，值得討論。本書認為，個別股東於會場之座位，並非行使股東權之重要因素，如議場主席並無刻意忽視後排股東之行為，應認為座位有前有後，乃會議之必然現象，並未違反股東平等原則。

　　綜上所述，由於股東會之會場並非股東會召集通知書之記載事項，因此不論會場過小或過大，主持人均得視情形變更之。但股東會召集之地點，則屬股東會召集通知書之必要記載事項，不得臨時加以變更。如有違反，得依公司法第189條規定，以股東會之召集程序違反法令為由，訴請法院撤銷股東會之決議。惟法院審理時，如認為違反之事實非屬重大且於決議並無影響，亦得依公司法第189條之1，駁回其請求。

問題 **59** 股東出席人數意外暴增，原先會場無法收容時，可否設定第二會場？其應注意事項如何？

要點！

- 公司設置股東會會場，大多參考往年經驗，不得過小亦不宜過大。若有意外股東出席人數暴增之情形，原先會場已無法收容全體出席股東時，應考慮設置第二會場，其應注意事項如何？
- 第二會場應設置於主會場相鄰建物內，必要時亦可利用主會場之室外空間設置第二會場。
- 第二會場須架設影音視聽裝置，將主會場股東會之進行情形，傳輸至第二會場。位於第二會場之股東，如欲針對討論議案發言時，亦可將發言條遞交給現場服務人員，經主席同意後，移至主會場發言。表決時，第二會場之股東亦可將其持有之表決票投入票箱，親自參與表決。
- 設置第二會場之注意事項，包括架設影音視聽裝置、提供收取發言條之服務人員協助股東取得發言權、協助第二會場之股東行使表決權。

參考條文

　　公司法第170條、第171條。

※相關問題：問題56、問題57、問題60。

一般而言，公司設置股東會會場，大多參考往年經驗，選擇一個大小適中的場地，甚至每年固定在同一場地召開股東會，一來考量大多數股東較爲熟悉，不必爲如何到達股東會場地操心；二來可參考往年股東出席狀況，研判場地是否合適。但如有意外情形，使得出席股東人數暴增，原先會場已無法收容全體出席股東時，則爲保障全體股東出席股東會的權利，除立即另覓較大場地外，亦可考慮設置第二會場。

設置第二會場，應考量下列二個問題：其一，消除主、從會場之差別。基於股東平等原則，股東會在本質上根本不應有主、從會場之分，只是股東出席人數意外暴增，原先會場無法收容時，在不得已的情形下，只好採取設定第二會場的變通措施。就實際布置而言，主席所在位置將被視爲主會場，第二會場自然會被視爲從會場，這是本質上不對而事實上不得不容忍之事，只能藉由會場的擺設、影音視聽裝置的輔助、現場服務人員的配合，來消除主、從會場之差別。其二，建立主、從會場之一體性，讓會議同步進行，也使主、從會場之機能相同。

實際上，第二會場應設置於主會場相同或相鄰建物內，必要時亦可利用主會場之室外空間設置第二會場。第二會場須架設影音視聽裝置，將主會場股東會之進行情形，傳輸至第二會場。位於第二會場之股東，如欲針對討論議案發言時，亦可將發言條遞交給現場服務人員，經主席同意後，移至主會場發言。表決時，第二會場之股東亦可將其持有之表決票投入票箱，親自參與表決。

設置第二會場時，應注意下列事項：一、須架設必要的影音視聽裝置；二、指派第二會場服務人員，收取發言條協助股東取得發言權，並協助其順利發言；三、議案表決時，第二會場服務人員應引導股東將其持有之表決票投入票箱，協助行使股東表決權。

問題 *60* 股東會因不可抗力原因，在開會前變更會場時，應如何處理？

要點！

- 股東會的日期、地點及議案，屬於公司法第172條關於股東會召集通知之重要內容，為確保全體股東之股東權，自不得於開會前逕行變更開會地點。如欲變更開會地點，應另行召集股東會。

- 在不變更股東會地點的前提下，如因不可抗力原因致原定會場無法使用，公司迫於無奈於開會前變更會場，乃不得不之行為，應非法所不許。但應做好配套措施，以確保股東參加股東會之權利。

- 會場變更時應注意事項如下：1.變更股東會會場，應立即通知股東。2.股東報到地點，不得在開會前變更。3.應於報到地點設置新會場之指引標誌。4.公司應於報到地點指派留守人員，引導股東至新會場。5.新會場距離過遠時，應於報到地點設置接駁車接送股東。6.股東會之開議時間，應考量變更會場對股東所造成之遲延到達會場問題，經合理估算後順延之。

參考條文

公司法第170條、第171條、第172條。

※相關問題：問題61。

說　明

　　股東會的日期、地點及議案，屬於公司法第172條關於召集股東會通知之重要內容，為確保全體股東之股東權，自不得於開會前逕行變更開會地點。惟股東會開會前，如因風災、水災、火災或地震等不可抗力因素，致原定會場無法使用時，公司應立即在開會前選定新會場，並將變更會場之意旨公告周知。由於事出突然而在開會前變更會場，乃不得已之事，惟仍應注意下列事項：

一、變更股東會會場，應立即將訊息公告周知

　　因不可抗力因素而臨時變更股東會會場，固然情非得已，但應立即將訊息公告周知，以確保股東參加股東會之權利。如股東人數眾多，難以一一通知，則應善用媒體、網路或行動通訊科技，廣為傳播訊息，使股東儘快知悉。

二、股東報到地點，不得在開會前變更

　　為確保全體股東之股東權，股東會的報到地點，不得於開會前逕行變更。如欲變更報到地點，應另行召集股東會。

三、應於報到地點設置新會場之指引標誌

　　由於部分股東可能尚未知悉變更股東會會場之決定，因而依原召集通知到達報到地點，此時公司應於報到地點設置新會場之指引標誌，告知到場股東有關變更股東會會場之決定，並指引股東如何轉至新會場開會。

四、公司應於報到地點指派留守人員，引導股東至新會場

考量部分股東可能不知公司已變更股東會會場，而依召集通知到達報到地點，因此公司應於報到地點指派留守人員，引導股東至新會場開會。

五、新會場距離過遠時，應於報到地點設置接駁車接送股東

倘若新會場與報到地點距離過遠時，則公司應於報到地點設置接駁車接送股東，協助股東儘速到達新會場。

六、股東會之開議時間，應考量變更會場對股東所造成之遲延到達會場問題，經合理估算後順延之

由於股東可能事先不知公司變更股東會會場之決定，仍依原召集通知時間到達報到地點，再經公司通知與協助轉往新會場，因此股東會之開議時間，應考量變更會場對股東所造成之遲延到達會場問題，經合理估算後順延之，以確保股東參加股東會之權利。

問題 *61* 股東會當天因颱風或暴雨關係交通中斷，開會時間可否變更？

要點！

- 股東會的日期、地點及議案，屬於公司法第172條關於股東會召集通知之重要內容，自不宜於開會當天逕行變更開會日期。
- 惟股東會開會當日，如因颱風或暴雨關係導致交通中斷，乃不可歸責於股東之事，公司應考量交通中斷或延誤情形，遲延股東會開始時間，但仍須有合理之限制。
- 出席股權未過半數而有三分之一以上股權出席時，得依公司法第175條第1項規定，以假決議方式解決股東會決議之合法性問題。
- 若於股東會召集日遲延股東會開始時間，仍有部分股東不能到場之顧慮時，亦得經股東會決議，於五日內延期或續行集會。
- 如因天氣晴朗、交通順暢，多數股東提前到場，但股東會仍不宜提前，以保障準時到場之少數股東權益。

參考條文

公司法第172條、第174條、第175條、第182條。

※相關問題：問題20、問題21、問題60、問題75、問題80。

說 明

股東會的日期、地點及議案，屬於公司法第172條關於股東會召集通知之重要內容，自不宜於開會當天逕行變更開會日期。惟股東會開會當日，如因颱風或暴雨關係導致交通中斷，乃不可歸責於股東之事，爲避免部分股東遲延到場，致失去參加股東會之權利，公司應通盤掌握交通中斷或延誤情形，在不變更股東會日期的前提下，合理考量是否遲延股東會之開始時間。

惟遲延股東會之開始時間，仍應有合理之限制，按股東會議事規則範例第9條第2項，股東會已屆開會時間，主席應即宣布開會，惟未有代表已發行股份總數過半數之股東出席時，主席得宣布延後開會，其延後次數以二次爲限，延後時間合計不得超過一小時。延後二次仍不足有代表已發行股份總數三分之一以上股東出席時，由主席宣布流會。

若因交通中斷致出席股權未過半數，經延後二次仍不足額而有代表已發行股份總數三分之一以上股東出席時，得依公司法第175條第1項規定爲假決議，並將假決議通知各股東（有發行無記名股票者，應將假決議公告之），並於一個月內再行召集股東會。屆時，倘若對於假決議仍有代表已發行股份總數三分之一以上股東出席，出席股東表決權過半數之同意，該假決議即可視爲合法之決議。惟若於當次會議未結束前，如出席股東所代表股數達已發行股份總數過半數時，主席得將作成之假決議，依公司法第174條規定，重新提請股東會表決。

另外，若於股東會召集日遲延股東會開始時間，仍有部分股東不能到場之顧慮時，亦得經股東會決議，於五日內延期或續行集會。此際，依公司法第182條規定，得視爲當次股東會之延期或續行，不必再依第172條之召集程序另行召集股東會。

對於颱風或暴雨關係導致交通中斷之突發事件，除了採取延期或續行集會，甚至作成假決議以外，董事會對於未達法定出席人數之股東會，仍應依公司法第172條規定，另行召集股東會。

　　相反的，如因天氣晴朗、交通順暢，多數股東提前到場，能否類推適用公司法第182條規定，由股東會決議提前開會？本書認為，為保障準時到場之少數股東權益，股東會仍不宜提前。例外情形，於股東人數較少之公司，若股東已全數到場或少數未到場股東經聯繫確認無法到場時，得提前開始會議，但於會議開始時，主席應報告提前開始會議之事由，並經股東會決議，始得為之。

第九章

股東會接待事務

問題 **62** 股東會當場如何確認股東身分以准許其入場？

要點！

• 股東資格確認方法。

參考條文

　　公司法第177條；「公開發行公司出席股東會使用委託書規則」第2條；「○○股份有限公司股東會議事規則」第3條、第6條。

※相關問題：問題18、問題19。

說　明

　　股份有限公司爲資合公司，在公司所有與經營分離原則及董事會中心主義下，股東對公司經營、業務之影響力趨弱，股東會中表決權行使已成爲股東權利行使之重要部分。然資合公司著重財產數額，股份持有者眾，於股東會開議時如何確保議事行使之順利及正確，即有探討之必要。首先須確定者即爲參加股東會人之身分，公司法第177條第1項所定「股東得於每次股東會出具公司印發之委託書，載明授權範圍，委託代理人出席股東會」，該條項之規定乃爲便利股東委託他人出席而設，並非強制規定，公司未印發委託書，不構成股東會之召集程序有何違反法令之處，公司雖未印發，股東仍可自行書寫此項委託書，委託他人代理出席，此時如何確認委託書之眞正將成爲一大爭點，本書建議公司可於章程中約定委託書需檢附股東身分證正反影本以供查驗。

　　又公開發行股票之公司，依「公開發行公司出席股東會使用委託書規則」第2條規定，公開發行公司出席股東會使用委託書之用紙，以公司印發者爲限，而公司應在寄發或以電子郵件傳送股東會召集通知時同時附送給股東。參考臺灣證券交易所股份有限公司制定之「○○股份有限公司股東會議事規則」第3條第2項前段：「本公司應於股東常會開會三十日前或股東臨時會開會十五日前，將股東會開會通知書、委託書用紙、有關承認案、討論案、選任或解任董事、監察人事項等各項議案之案由及說明資料製作成電子檔案傳送至公開資訊觀測站。……」及第6條第3項：「股東本人或股東所委託之代理人（以下稱股東）應憑出席證、出席簽到卡或其他出席證件出席股東會；屬徵求委託書之徵求人並應攜帶身分證明文件，以備核對。」實務上股份有限公司於寄出股東會開會通知時，該通知上除討論案、議案外，均會附具股東印鑑卡、出席簽到卡如下列範例所示：

圖9-1　股東印鑑卡

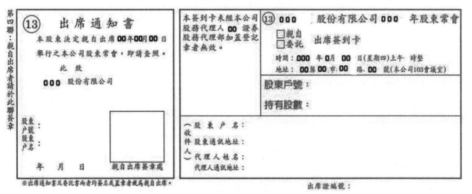

圖9-2　股東會出席簽到卡

　　亦即關於出席股東會，應以公司印製之出席證、出席簽到卡或其他出席證件為據；屬徵求委託書之徵求人並應攜帶身分證明文件，以備核對。至於出席股東是否即為股東本人抑或代理人本人，雖未如徵求委託書要求徵求人並應攜帶身分證明文件，以備核對，惟可援用該規定為身分之確認。至於電子投票通訊部分，則由主管機關於2008年5月請具有公正第三人身分之集保結算所規劃建置通訊投票平台作業，於2009年3月推出「股東e票通」的平台，採網際網路連線模式，並以CA（Certificate Authority）認證作為股東身分之辦基礎。

 問題 **63** 章程限定代理人必須是股東是否有效？

要點！

• 章程限定代理人必須是股東，如此規定有效否？

參考條文

公司法第177條；日本会社法310條；公開發行公司出席股東會使用委託書規則第5條。

※相關問題：問題64。

說　明

公司法第177條第1項規定：「股東得於每次股東會，出具公司印發之委託書，載明授權範圍，委託代理人，出席股東會。」上開條文內容對代理人資格未加限制，惟同法第178條規定：「股東對於會議之事項，有自身利害關係致有害於公司利益之虞時，不得加入表決，並不得代理他股東行使其表決權。」另公開發行公司出席股東會使用委託書規則第5條第1項規定：「委託書徵求人，除第六條規定外，應為持有公司已發行股份五萬股以上之股東」，即我國現行相關法令對代理人之限制範圍，在對股東會議決議事項，有自身利害關係之股東不得為代理人，及公開發行公司公開徵求委託書者，須具備該公司持股5萬股以上之股東，方可為股東代理人，其餘並未有限制。表決權為股東之固有權，委託他人代理行使亦屬權限內容，不得以章程或股東會決議排除之，惟得否以章程對代理人為資格限制？

就此參考經濟部1983年3月30日商11957號函釋：「股東委託出席股東會之代理人並不限於公司之股東，公司法第177條第1項規定：『股東得於每次股東會，出具公司印發之委託書，載明授權範圍，委託代理人，出席股東會』，故股東得委託代理人出席股東會，殆無疑義。至於代理人之資格，並不限於公司之股東，如公司章程規定『但代理人必須是本公司股東』，顯有不合。」前述函釋認不可以章程就代理人資格為限制，惟如此一來理論上可能出現極端現象——出席股東會之人均非股東，失去股東會使股東參與公司之意義，本書以為章程乃經由股東會多數決形成，股東多數意志形成且不違反公司法強制規定對股東權行使方式所為限制，當無不可。參考日本会社法310條第1項：「股東，得由代理人行使其表決權。於此情形，該股東或代理人，應向股份有限公司提出代理權證明書面。」與我國公司法規定相同，法條並未訂定代理人資格要件，解釋上得為任何人，惟實務上多數公司以章程規定代理人以有表決權股東為限。

問題 **64** **股東代理人要求入場，應如何判斷審查？**

要點！

• 股東代理人審查方法。

參考條文

公司法第177條；「○○股份有限公司股東會議事規則」第6條。

※相關問題：問題63。

說　明

　　公司於股東會召開前須依公司法相關規定將委託書、出席證、出席簽到卡或其他出席證件連同開會通知等一併寄送股東，出席資格之判定，以委託書、出席證、出席簽到卡或其他出席證件出席股東會之出示爲準，然若未能確認實際出席之人與委託書上所載代理人是否相同，在出席證、委託書遺失、遭人惡意使用或原代理人未出席而未經股東同意使他人出席因而無法確實表達股東之意志，甚至違反股東授權而爲議案表決時，即失代理制度之本意，故於入場時要求出示身分證件爲身分之核對，應無不可。惟經濟部1977年4月18日商09689號函釋內容認「法無代理人須攜帶身分證之限制，公司擬於公司印發之股東委託代理人出席股東會之委託書上附註：『請受託代理人攜帶國民身分證』乙節，公司法並無此種限制，尚乏報備之依據。」依此函釋認代理人於股東會入場時，無出示證件之義務，參考臺灣證券交易所股份有限公司制定之「○○股份有限公司股東會議事規則」第6條第3項：「股東本人或股東所委託之代理人（以下稱股東）應憑出席證、出席簽到卡或其他出席證件出席股東會；屬徵求委託書之徵求人並應攜帶身分證明文件，以備核對。」對一般股東之代理人及股東本人亦無出示身分證明文件之要求，按公開發行公司之股東人數眾多，且資合公司對「人」的身分，不若無限公司、有限公司重視，以委託書、出席證、出席簽到卡或其他出席證件出席股東會之出示表彰股東權，使開會程序精簡，雖不失爲便宜措施，惟本書以爲若公司制定之議事規則或股東會開會通知上，加註請受託代理人攜帶身分證件，當無不可。

問題 65　章程限定代理人資格以外之代理人可否進入股東會場？

要點！

- 公司章程限定代理人必須具股東資格，但股東卻指定非股東之律師爲代理人，可否准其入場？
- 又股東親自出席，可否帶著顧問律師或會計師入場？

參考條文

公司法第177條；「○○股份有限公司股東會議事規則」第7條。

※相關問題：問題63、問題66。

說　明

股東會決議事項可能涉及營運管理事項（如變更章程、上市上櫃）、公司重大決策事項（如分割、合併、讓與受讓重大資產）、募集資金、紅利分配、減資、財務報告，前述均涉及專業事項，股東親自出席，惟帶著顧問律師或會計師，以針對前述事項提出建議當無不許之理。參考臺灣證券交易所股份有限公司制定之「○○股份有限公司股東會議事規則」第7條第5項「本公司得指派所委任之律師、會計師或相關人員列席股東會。」即在使律師、會計師得在場提供專業意見，故依規定目的，由股東自行攜律師、會計師進場，以利當場對會議事項為提供股東個人提供意見，當無不許之理。

章程限定代理人必須是股東，但指定非股東之律師為代理人可否入場，按相關法令雖未對代理人資格為限制，惟若公司已經由股東會之決議，訂定章程，該章程即為全體股東意志之體現，故本書以為既已以章程限定代理人必須是股東，縱律師若非為股東，亦不可入場。

政府法人股東代理人之資格如何審查？

要點！

• 政府法人股東派遣職員代理出席如何審查？

參考條文

公司法第27條、第177條及第181條。

※相關問題：問題63、問題65。

說　明

　　法人股東可否委託代理人出席股東會，經濟部參照前司法行政部1979年4月16日（68）台函參字第03629號函所為函釋內容：「一、查公司法第177條第1項規定，股東得委託代理人出席股東會，就條文言，所稱股東，固不限於自然人，應包括法人股東在內，惟就立法原意言，係僅指自然人股東，此觀同法第181條規定，法人為股東時其法定代表人不限於一人，但其表決權之行使，仍以其所持有之股份綜合計算，甚為明顯，即法人為股東時，應指派代表人出席股東會行使股權，縱使全部代表人均因故不能出席，亦可由法人股東隨時改派其他代表人出席，亦無委託代理人之必要。又依公司法第27條第2項規定，選舉董監事時，法人股東可由代表人當選，足見均以代表人出席股東會為準。二、惟條文上既無明文限制，法人股東委託代理人出席股東會，亦非法所不許，為執行便利起見，應分別情形認定，凡法人股東已指派代表人者不得同時委託代理人，其委託代理人出席股東會者，應受公司法第177條第2項及第3項之限制，如被推選為董監事時，應依同法第27條第1項規定辦理。」即因法無明文規定，政府法人股東亦得委任代理人出席股東會，惟法人股東已指派代表人者不得同時委託代理人出席股東會。至於代理人資格之審查，由於條文並未針對代理人有所限制，應認與一般股東代理人相同，就此參見第64題。

問題 **67** 股東會開會中，可否中途進出會場？

要點！

· 中途進場、中途退場，注意之問題點爲何？

參考條文

　　公司法第117條；「○○股份有限公司股東會議事規則」第6條及第9條。

※相關問題：問題62、問題64。

說　明

按股東會之召集僅須出席之股東表決權已達法定數額，即可開會，臺灣證券交易所股份有限公司制定之「○○股份有限公司股東會議事規則」第6條第1、2項規定：「本公司應於開會通知書載明受理股東報到時間、報到處地點，及其他應注意事項。前項受理股東報到時間至少應於會議開始前三十分鐘辦理之；報到處應有明確標示，並派適足適任人員辦理之。」由此有關股東會出席股東表決權數額之計算，應以股東開會通知載明開會時間為計算基礎，惟如開會時間已到，到報到之席股東之額數（代表已發行股份總數幾分之幾股東之出席數）尚不足法定數額，依前述規則第9條第1、2項「股東會之出席，應以股份為計算基準。出席股數依簽名簿或繳交之簽到卡，加計以書面或電子方式行使表決權之股數計算之。已屆開會時間，主席應即宣布開會，惟未有代表已發行股份總數過半數之股東出席時，主席得宣布延後開會，其延後次數以二次為限，延後時間合計不得超過一小時。延後二次仍不足有代表已發行股份總數三分之一以上股東出席時，由主席宣布流會。」於表定開會時間出席數不足法定數額，主席可延後二次，仍不足即宣布流會。

至於宣布開會後，中途進場及中途退場是否影響表決權之核算，我國實務多認股東會，股東於簽到（或提出出席簽到卡）出席後，又行退席，固不影響已出席股東之額數（代表已發行股份總數幾分之幾股東之出席數），但其表決通過議案，是否已有出席股東表決權（非謂在場出席股東表決權）過半數之同意，仍應就其同意者之股東表決權核定計算，方符法意[1]，亦即表決就出席股東表決權計算之，不以表決時實際出席股數為準。按公司股東人數眾多，為便於股東會之進行，前述見解可謂折衷做法，否則若每次表決均需重新核算出席股東表決權數，將嚴重影響會議進行。

---

[1] 最高法院72年度台上字第1066號裁判、71年度台上字第2763號裁判、經濟部1975年1月30日商02367號函。

問題 68 股東會公司贈送出席股東伴手禮或辦理股東招待會,是否違法?

要點!

• 公司每年股東會提供出席股東禮物,或於會後召開股東懇親會,提供餐飲招待,有違法問題嗎?

參考條文

公司法第48條、第109條、第118條、第210條。

※相關問題:問題10。

說　明

　　公開發行股份公司並不重視股東個人資格條件，重點在財產之聚合，因此股東成員多元，許多股東取得股票目的著重於紅利、盈餘分配及獲取股票買賣差價，對公司業務經營漠不關心，惟公司法關於公司事務根據性質不同於公司法中規定股東會的決議方法，主要分為普通決議（數額不足時：假決議）與特別決議兩種。普通決議，除另有規定外，應有代表已發行股份總數過半數股東的出席（假決議以代表已發行股份總數三分之一以上股東出席時）；特別決議，應有代表已發行股份總數三分之二以上股東的出席（公開發行股票的公司，出席股東的股份總數不足，可以以有代表已發行股份總數過半數股東的出席），若出席股東股份總數不足，公司將有許多事務無法取得股東會決議通過後執行，故以贈品（伴手禮）發送鼓勵股東出席股東會或交付委託書，已成為我國公司股東會召開慣行之事，惟該贈品（伴手禮）發送須為公開一致性之行為，若屬個別性之給與，則有違法之虞，此見檢舉違法使用公開發行公司股東會委託書案件獎勵辦法第2條第1款規定：「以給付金錢或其他利益為條件，取得股東會委託書。但代為發放股東會紀念品或徵求人支付予代為處理徵求事務者之合理費用，不在此限。」至於召開股東懇親會提供招待會，在國內較為少見，鴻海精密工業股份有限公司曾在股東會結束後招待與會股東到員工餐廳用餐。本書以為不論是以贈品（伴手禮）或股東懇親會作為股東出席之誘因，均非法所不許，重點在於其給付之性質須為一致性而非個別性或作為支持條件之給予。

第十章

股東會議事進行、議事秩序

問題 **69** 股東出席股東會是否需受議事程序約束？

要點！

- 股東應遵行公司所訂立之議事程序，有助於股東會議程之進行。
- 具有員工身分之股東出席股東會是否需受限制？

參考條文

公司法第48條、第109條、第118條、第210條。

※相關問題：問題70。

說　明

一、股東會議事程序之建立，屬公司治理制度之一環，以保障股東權益為最大目標，並公平對待所有股東為原則。透過股東會議事程序，得讓股東於股東會召集前先明白議事程序之進行，屬於股東「知」的權利，亦屬程序權之保障。股東應遵行公司所訂立之議事程序，有助於股東會議程之進行。因股東會係由股東所組成，每一股東均得透過股東會行使其股東權利，反之，其權利不應受到其他人之侵害，包括自己除外之股東。因此若對於股東會之進行無一定之遵循規定，將會使得股東會流於混亂。

二、因此股東會的議事程序，小至開會地點，大至議案之討論均應有明確劃一之規定，使得股東得以遵循。股東會之召集，公司應選定開會地點，且應選於利於股東到達之處為當。當天股東之活動範圍，亦應限縮於一定之範圍。透過限縮活動地點，使得每位股東得參與股東會之每一議程，無遺漏或被排除在股東議案之外，否則股東得藉由不於特定地點參與股東會，嗣後藉此主張或杯葛議案，或提出撤銷股東會之訴。此限縮股東會會場，亦利於公司計算股東出席數及表決數，亦可減少爭訟之發生。

三、實務上，多數公司員工可能同時持有公司股份。於股東會當天處於協助或擔任工作人員於會場上穿梭。該員工之活動範圍將隨著其負責之事務為移動。惟範圍仍不應脫離股東會之會場。又其兼具股東之身分，自得參加股東會議事程序，因此活動範圍仍以股東會會議地點為範疇。

問題 **70** 公司可否安排讓具有員工身分之股東優先入場？

要點！

- 公司欲預防反對派股東之議事妨礙，派遣員工先行入場占好位置布局，有無違法之虞？

※相關問題：問題69。

說 明

一、基於公司治理之原則，公司之每一股東均應享有同樣平等之權利，其權利之範疇包含了對議案表達意見及投票權等。今公司議案本來即有產生正反意見之可能，股東會應讓雙方股東其充分之表達，表達方式包括透過投票或是發言權之行使等方式，此亦屬公司議事程序之範圍。今公司若預防反對派股東之議事妨礙，欲派遣員工先行入場占好位置布局，是否可行，應視狀況而定。若入場之員工亦享有股東之身分，其本享有股東之權利，得入內參與股東會並行使權利。若員工不具有股東之身分，惟爲了股東會議事程序之進行，亦得於股東會會場執行或協助股東會當天的事務。

二、本問題應考量，若安排員工先行入場占位，是否侵害了其他股東之權利，是否藉由先行入場影響其他股東之投票權或是參與議事程序之權利。在股東會現場，因座位並無特定，且股東不因座位之分配而影響其股東權益，因此安排員工座位或占據特定位置，實無違法之虞。又或者該座位採特殊安排，意圖給予其他股東特殊的心理壓力，爲此涉及個人的心理承受壓力問題，應依一般社會通念判斷是否有侵害股東之權利情事。惟公司股東會之召開有其特定之時間，股東及員工股東應依據同一時間進場，若公司先行開放員工股東入場，此舉將侵害其他股東之權利，因此實有違法之虞。

問題 **71** **股東會議事進行過程可否錄影？**

要點！

• 股東會議事全程錄影之目的。

• 當股東會開放予媒體採訪，股東現場提議拒絕採訪之情事時，如何處理？

參考條文

公司法第189條；「○○股份有限公司股東會議事規則」參考範例第8條。

※相關問題：問題56。

說 明

一、依「○○股份有限公司股東會議事規則」參考範例第8條規定，公司
召集股東會，應於受理股東報到時起將股東報到過程、會議進行過
程、投票計票過程全程連續不間斷錄音及錄影，且該影音資料應至少
保存一年。如股東依公司法第189條提起訴訟者，則應保存至訴訟終
結為止。惟該股東會議事規則，僅係提供公司參考，對於公司並無強
制力，因此公司若未為錄音錄影，並無相關法律制裁效果。考量該條
立法理由，主要鑑於近來股東會開會發生相關爭議情事，為使股東會
開會全貌能完整重現，以助釐清事實，公司應於受理股東報到時起將
股東報到、會議進行、投票、計票等過程全程以連續不間斷方式為
之。

二、惟此規範乃是著重於紛爭解決之必需，透過全程錄影方式達到證據蒐
集之目的，以避免爭訟舉證之麻煩。再者，公司亦考量議事紀錄之正
確性，會透過拍攝達到其目的。惟考量股東會之議事過程合法性，
錄影並非程序之要件之一，再者，現在股東會議事錄均採摘要方式紀
錄，若投票結果或議案無涉及偽造變造，錄影與否並不影響議事程序
之合法性。且全程拍攝錄影，涉及股東個人隱私權，在未經同意前擅
自錄影，亦有違法之虞。惟公司若事先公告股東會將全程錄音錄影，
而股東同意參與該股東會之進行時，該隱私權之侵害即不復存在。

三、實務上現在公司召集股東會，均採全程錄影，惟有些公司採取禁止股
東進行錄影之方式。若認定錄影屬議事程序所保障之範圍，又股東參
與股東會，即得認定其同意放棄其隱私權，公司即取得股東之同意，
得合法蒐集股東之個人資料。再者，當股東會開放予媒體採訪，股東
現場提議拒絕採訪之情事時，此時應屬股東之權利或是主席之議決
權？在股東會進行中，主席擁有維持程序正當合法之權利，股東於股
東會中提出之任何提案及發言，均由主席為裁決。因此當股東提出同
時涉及議事程序及自身權利之意見時，應由主席衡量二者之輕重，為
適當判斷。

問題 72 股東會主席在什麼情況可動用退場命令？

要點！

- 股東會主席（議長）維持會議進行秩序。
- 股東會進行中，會議主席針對違反議事規則之股東，如何運用糾正、制止與退場命令？

參考條文

公司法第48條、第109條、第118條、第210條；「○○股份有限公司股東會議事規則」參考範例第17條。

※相關問題：問題73。

說　明

一、股東會之股東於股東會中享有平等之權利，包括投票權或發言權，均
　　屬股東權之範疇。股東會是全體股東之集會，似可認定該集會之程序
　　進行亦屬股東權之範疇，股東享有要求股東會依既定之議事程序進
　　行，討論股東會每一議案，並充分表達其意見。「○○股份有限公司
　　股東會議事規則」參考範例第17條規定：「股東違反議事規則不服從
　　主席糾正，妨礙會議之進行經制止不從者，得由主席指揮糾察員或保
　　全人員請其離開會場。」若某股東藉由妨害議事進行遂其個人目的，
　　其亦侵害其他股東之參與股東會之權利，將使其他股東之股東權利受
　　損，無法平等且適宜表達自己的想法。董事長身為股東會之主席，具
　　有掌控議事程序之權利，其目的亦是透過主席之掌控權，達到股東平
　　等行使股東權之目的。因此當中有股東妨害議事進行者，主席應予以
　　制止，以達到維護其他股東之股東權目的。
二、主席掌控議事程序並非毫無界限，例如若透過禁止發言即可遂其目
　　的，即採取適當之禁止方式即可。惟若主席之處置方式，為命令該妨
　　害議事進行之股東退場，其為完全剝奪該股東之股東權，其應權衡該
　　股東之行為應達到嚴重侵害股東會其他股東之權利。惟該命其退場之
　　機制，應謹慎使用，避免權利濫用之情況產生。其衡量之基準得由議
　　案、議題之內容逐一判斷，當股東強烈要求發言與該議案議題無涉之
　　內容，主席應斟酌該妨害議事之嚴重性為適當之處分。若已達到致使
　　該股東議事程序無法進行，且已影響股東會議事程序之流暢，甚而導
　　致其他股東之權利受損或安全危害時，主席基於主席之權限應動用保
　　全的強制力，要求該股東離開股東會之現場，以保障多數股東之權
　　利。

問題 **73** **股東會股東之提問、發言有何限制或規範？**

要點！

• 股東會股東發言表達意見之權利與限制。

參考條文

公上市上櫃公司治理實務守則第6條；「○○股份有限公司股東會議事規則」參考範例第11條。

※相關問題：問題72。

說 明

一、股東在股東會上享有針對每一議案表達意見之權利，不論是透過發言或是投票表達意見，此乃股東之固有權限。惟避免股東之無限制發言導致議程之延宕，在上市上櫃公司治理實務守則第6條規範股東會應就各議題之進行酌予合理之討論時間，並給予股東適當之發言機會；「○○股份有限公司股東會議事規則」參考範例第11條則規定出席股東發言前，須先填具發言條載明發言要旨、股東戶號（或出席證編號）及戶名，由主席定其發言順序；若出席股東僅提發言條而未發言者，視為未發言。發言內容與發言條記載不符者，以發言內容為準；同一議案每一股東發言，非經主席之同意不得超過兩次，每次不得超過五分鐘，惟股東發言違反規定或超出議題範圍者，主席得制止其發言；出席股東發言時，其他股東除經徵得主席及發言股東同意外，不得發言干擾，違反者主席應予制止。法人股東指派二人以上之代表出席股東會時，同一議案僅得推由一人發言。上述股東發言之規定，旨在透過一定之程序規範，使得股東得有效行使發言權。惟該規定無強制效力，若股東任意違反，實際上並無制裁之法律效果。

二、股東在行使股東權時，並非毫無限制，公司本得要求在相關之議程規範下有效行使股東權，上述之法令規範得視為一定之標準來判定股東是否濫行股東權，惟該並非絕對之規範，並非股東違反上述之程序主席即得強制制止。會議之主席在行使相關之裁量權利時，應秉持公平公正，應讓股東充分行使股東權利，但不得濫權。如考量股東之發言是否屬於議案範疇，若非，得迅速制止之，若股東針對議案發言已給予足夠之表達時間及次數，而股東仍繼續表達至侵害其他股東之發言權時，主席應予以制止，以有效保護其他股東之發言權。

問題　**會議進行時，主席可否宣布中間休息？**

要點！

• 會議進行時，主席斟酌須宣布中間休息之情況。

參考條文

「○○股份有限公司股東會議事規則」參考範例第18條。

※相關問題：問題75。

說 明

一、股東議程之進行，若股東間有歧異時，應給予充分討論之時間。惟若雙方堅持不下時，往往會造成議事之延宕。「○○股份有限公司股東會議事規則」參考範例第18條規定：「會議進行時，主席得酌定時間宣布休息，發生不可抗拒之情事時，主席得裁定暫時停止會議，並視情況宣布續行開會之時間。」依其立法理由，實指授權主席於不可抗力發生時，得為後續之處置。惟何謂不可抗力之情事，該法令並無相關說明。

二、主席為使股東議事進行順暢，應熟悉議事規則並要求股東會之進行遵行議事規範，惟主席有針對議事程序進行之掌控權，應考量股東會之情狀為適當之裁決。若今雙方爭論激烈，一方要求休息暫停會議，主席應考量股東會進行之情狀為裁量。譬如是否該議案已經充分討論，再給予休息暫停時間無必要；或是該股東要求一時休息，主要在達成拖延股東議事之目的，此時主席得拒絕之。惟若該議案經雙方爭執不下，且有再充分討論之必要性時，主席為求議案得順利進行，得裁定暫時休息。是否休息屬於主席之議事主導權，主席應考量當時之情狀給予合理之判定為當。

問題 **75** ## 股東會之延期會或繼續會如何決定？

要點！

- 股東會主席可否提出延期或繼續召集會議，研討尚未討論之議事內容？
- 股東會延期會或繼續會之表決以普通決議為之。

參考條文

公司法第174條及第182條；「○○股份有限公司股東會議事規則」參考範例第18條。

※相關問題：問題74。

說 明

一、股東會召集，應由董事會於法定期間內為召集，並應通知股東使其參與。實務上，股東會議程均應於當天進行完畢。若股東會無法在預定內完畢，在保障股東之權利考量下，有必要改日或延期。惟該決定權屬於主席或股東會實有疑義。「○○股份有限公司股東會議事規則」參考範例第18條第2項規定：「股東會排定之議程於議事（含臨時動議）未終結前，開會之場地屆時未能繼續使用，得由股東會決議另覓場地繼續開會。」同條第3項規定：「股東會得依公司法第182條之規定，決議在五日內延期或續行集會。」依該條文之內容得知，股東會之延期或繼續會應由股東會決定之。

二、在股東會當天，主席僅有依議程進行之股東會之主導權，議案需應經由股東會全體會員行使表決權為斷，因此股東會是否改期或繼續開會，應由主席考量議事程序之進行必要行提出。惟股東參與股東會，其所預期及認知之議程均為被通知之範圍，若當天會議必須延期或繼續，代表股東會之議事內容尚未被股東充分討論，其股東之權限受影響，因此，是否延期或繼續召集會議，應由股東會表決之。若股東會要改日延期或繼續開會，依「○○股份有限公司股東會議事規則」參考範例第18條第3項規定，應決議於五日內再為召集。又依經濟部1989年7月8日經字第207579號函示，該延期或續行集會並未規定，應以特別決議為之，因此依公司法第174條以普通決議之方式為之即可。

第十一章
股東會決議

問題 **76** # 股東會的決議可分為哪些種類？

要點！

- 一般決議、特別決議及假決議。

參考條文

　　公司法第174條、第175條、第178條及第180條；日本商法第343條、第423條及第424條。

※相關問題：問題91。

說　明

我國公司法上將決議種類分爲兩種，分別爲普通決議及特別決議。股東會因股東人數眾多，且各股東僅負較輕之間接有限責任，故其決議均採多數決而不必全體一致同意，僅其表決比例因事件之輕重於程度上有所區分[1]。我國公司法上就決議事項之輕重程度不同，將決議種類分爲普通決議及特別決議兩種不同之表決比例之決議方法，惟不論是否爲公開發行公司，若章程就有關出席股東股份總數及表決權數有較高之規定者，均應從其規定。

一、普通決議

依公司法第174條規定：「股東會之決議，除本法另有規定外，應有代表已發行股份總數過半數股東之出席，以出席股東表決權過半數之同意行之。」本條爲公司法關於股東會普通決議之規範，其中「本法另有規定外」，係指依公司法規定，應以特別決議通過之事項而言。

本條所規定之出席股東之定額，係以股份數爲依歸，而非以人數爲據，故即使僅股東一人出席但其股份數超過開會所需之股數者，其一人股東所爲之決定應屬有效。

此外，就無表決權之特別股股東，依公司法第180條第1項規定：「股東會之決議，對無表決權股東之股份數，不算入已發行股份之總數。」依本條之規定，無表決權之特別股股東雖可出席股東會，但不得將其無表決權之股數計入第174條所規範之已發行股份總數內。

而依公司法第178條規定，股東對於會議之事項，有自身利害關係致有害於公司利益之虞時，不得加入表決，並不得代理他股東行使其表決權。又依公司法第180條第2項規定：「股東會之決議，對依第178條規定

---

[1]　公司法論（上），柯芳枝，三民書局，2014年3月，頁237。

不得行使表決權之股份數，不算入已出席股東之表決權數。」故對於須利益迴避之股東，其不得行使表決權之股份數則係不計入以出席股東之表決權數。

二、特別決議

所謂特別決議，係指股東會應有代表已發行股份總數三分之二以上股東出席，以出席股東過半數之同意行之。若為公開發行股票之公司，為使規模較大之公開發行股票公司遇有特別議案時，股東會易於召開，故在不違反股份有限公司之多數決原則下，參考日本商法第343條之規定，在公開發行股票之公司，若出席股東之股份總數不足前項定額者，得以有代表已發行股份總數過半數股東之出席，出席股東表決權三分之二以上之同意行之，以緩和股東收購委託書之壓力，以及保障大眾投資主之權益。若出席股東股份總數及表決權數，章程有較高之規定者，從其規定[2]。此外，公司法第180條之規範亦適用於特別決議。

三、假決議

依公司法第175條規定：「出席股東不足前條定額，而有代表已發行股份總數三分之一以上股東出席時，得以出席股東表決權過半數之同意，為假決議，並將假決議通知各股東，於一個月內再行召集股東會，其發有無記名股票者，並應將假決議公告之。前項股東會，對於假決議，如仍有已發行股份總數三分之一以上股東出席，並經出席股東表決權過半數之同意，視同前條之決議。」

假決議制度為一臨時之權宜措施，只能適用於普通決議因出席股東不

---

[2] 公司法論（上），柯芳枝，三民，2014年3月，頁238。

足代表已發行股份總數過半數股東之定額而無從爲之之情形，此就公司法
將假決議之條文規範於普通決議之條文後，並明文規定「出席股東不足前
條定額」自明[3]。

　　由於股東會開會不易，爲避免股東會流會造成成本負擔過大，以及該
決議數事項較輕微之普通決議，故設計假決議制度。然爲避免假決議由代
表及少數股分之股東出席而草率成立，故仍要求應有代表已發行股份總數
三分之一以上股東之出席，始得爲之，且於一個月內再行召開股東會。若
再次召集之股東會，對於假決議內容如仍有代表已發行股份總數三分之一
以上股東出席，經出席股東表決權過半數之同意，是爲普通決議，以避免
股東會一開再開，無法作成決議進而影響公司業務之推展。此外，公司法
第180條之規範亦適用於特別決議。

　　相較於我國股東會決議之種類，日本会社法上將股東會決議方法
分爲三種：普通決議、特別決議及特殊決議。普通決議與特別決議與我國
公司法上的普通決議及特別決議並無差異，較特殊者爲特殊決議。所謂特
殊決議，係指在與股東利益重大影響及部分事項之決議時，與特別決議將
較之比，採較嚴格之決議要件[4]。關於特殊決議，例如：一、董事自我交
易責任之免除（發行股份總數之三分之二以上贊成）[5]；二、對於董事、
會計參與、監察人、執行役或者會計監查人等之責任，得經全體股東之同
意而免除[6]。

　　我國對於股東會決議，僅區分爲普通決議及特別決議兩者，並未如同

[3]　公司法論（上），柯芳枝，三民，2014年3月，頁239。
[4]　会社法エッセンシャル1，森淳二朗、吉本健一編，5版，吉田三成堂，2000年，頁115。
[5]　旧商法266条6項。
[6]　日本会社法第423条：取締役、会計参与、監査役、執行役又は会計監査人（以下この節にお
　　いて「役員等」という。）は、その任務を怠ったときは、株式会社に対し、これによって
　　生じた損害を賠償する責任を負う。
　　第424条：前条第一項の責任は、総株主の同意がなければ、免除することができない。

日本会社法，對於與股東利益有重大影響，或是與公司負責人相關之重要事項，再另外規範較嚴格之要件。我國對於此部分事項，倘若並非公司法上已明文規範由特別決議進行，則將可能由要件較為低的普通決議行之，如此似可能產生以較輕微之表決方法表決嚴重事項之情形。

問題 77　股東會議案之表決方法正式投票是唯一方法，還是舉手、拍手起立等方法也可行？

要點！

• 股東會議案之表決方法。

參考條文

公司法第198條、第203條及第216條。

※相關問題：問題94。

說　明

　　我國實務上對於股東會以拍手鼓掌方式決議之效力，並無統一之見解。肯定說認爲，拍手鼓掌亦爲股東會表決方法之一，主要係認爲公司法並未規範股東行使表決權之具體方式，故股東會採鼓掌通過之方式亦無不可，因此，以拍手鼓掌之方式所爲之股東會決議仍屬有效[7]。採此說之看法者，亦可認爲舉手或拍手起立等方式皆可，並不限定於投票之方式。否定說則認爲，以鼓掌之方式通過議案，無從瞭解贊成與反對之表決股份數，有違股東會多數決議之精神[8]，故不得以拍手鼓掌之方式爲之。

　　由於公司股東會不論普通決議或特別決議之決議，原則上應採正面表決之方式爲之，且須計算贊成與反對之表決權數。因此，舉手、起立、投票等可計算表決權數之方法，似乎可做爲股東會決議之表決方式；但是，股份有限公司之股東會決議，並非以人頭計算，而係以股份數爲計算，僅限於可計算出股份數之方法，才得以爲股東會表決之方法，因此即使舉手、起立等可以計算贊成之股東人數，仍因其無法統計其持股股份數之總額，而無法成爲股東會表決之方法。至於拍手等因無法計算贊成或反對之表決權數，而不得爲股東會之表決方法，即使章程規定亦無法成爲股東會議案之表決方法。故現行股東會表決方法仍以投票方式爲之。

---

[7] 最高法院72年台上字第808號民事判決、最高法院72年台上字第1066號民事判決等實務見解均採相同看法。

[8] 最高法院91台上2496判決。

問題 **78** **股東會表決時，是以宣布開會時或是表決時之出席數來計算表決權數？**

要點！

- 表決權數之計算以出席股東表決權過半數或者三分之二之同意行之，出席過半數是以宣布開會時之數，還是以表決時在場數之過半數？
- 又每次表決均須清點出席數，因開會途中股東出出入入，若已不足出席定數時就無法表決？

參考條文

公司法第174條、第185條。

※ 相關問題：問題67。

說 明

　　對於股東會決議之表決數計算，其中出席過半數是以宣布開會時之數為主。經濟部1975年4月13日商字第02367號函：「查公司為公司法（舊法）第185條第1項之行為，依該項規定應有代表已發行股份總數三分之二以上股東出席之股東會，以出席股東表決權過半數之決定行之其他決議方法亦有類同規定，即出席股東代表之股數合於上開前段規定，則召開之股東會已足法定數額，可以開會，至其表決，則依上開後段規定，即就出席股東表決權計算之，不以表決時實際出席股數為準。若於每次行使表決前有出席之股東中途退席未參與表決，而扣除該退席股東之股數已不足股份總數三分之二時，由於公司法既無不得為決議之規定，故經股東會出席股東表決權之過半數決議，自屬適法有效。」

　　我國最高法院72年台上1066判決認為，股東會其已出席之股東，於中途退席，固不影響已出席股東所代表公司以發行之數額，但其表決通過議案，是否已有出席股東表決權數（非指表決時在場之表決權）過半數之同意，仍應就其表決同意之股東表決權核算之，始符法意。

問題 **79** **董事出席股東會時，其持股數如不投票，是否也可以計入贊成表決權數？**

要點！

- 出席董事雖然具股東身分，也當然支持公司議案無反對理由，但如果其持股數不參加投票，因未積極表示贊同，仍不可計入贊成表決權數。

參考條文

公司法第198條及第216條。

※相關問題：問題77。

說　明

　　對於具有董事身分之股東，因其仍為公司之股東，故除有公司法第178條迴避事由須迴避者，其仍可出席股東會並參與股東會決議。雖其為公司之董監事，對於公司之議案應無理由反對，然由於股東會之決議通過係透過股東當場行使其表決權而決定，倘若董事出席股東會但不行使其表決權表決，不應當然認為其所持之股數應計入贊成表決權數，且多數決成立要件係以「積極之贊同」為必要，出席董事亦有可能為反對者，是故，董事出席股東會，對於公司所提之議案仍應與其他股東一同行使其表決權，始符合股份有限公司之多數決原則。

 問題 **80** **假決議是怎樣的一個制度，效 力如何？**

要點！

• 假決議的優缺點。

參考條文

公司法第175條。

※相關問題：問題76。

說 明

依公司法第175規定：「出席股東不足前條定額，而有代表已發行股份總數三分之一以上股東出席時，得以出席股東表決權過半數之同意，爲假決議，並將假決議通知各股東，於一個月內再行召集股東會，其發有無記名股票者，並應將假決議公告之。前項股東會，對於假決議，如仍有已發行股份總數三分之一以上股東出席，並經出席股東表決權過半數之同意，視同前條之決議。」

假決議制度爲一臨時之權宜措施，所謂「假」即爲暫時之意，於股東會出席人數不足二分之一時，所爲的決議僅爲「暫時決議」。其只能適用於普通決議因出席股東不足代表已發行股份總數過半數股東之定額而無從爲之之情形，此就公司法將假決議之條文規範於普通決議之條文後，並明文規定「出席股東不足前條定額」自明[9]。

由於股東會開會不易，爲避免股東會流會造成成本負擔過大，以及該決議數事項較輕微之普通決議，故設計假決議制度。然爲避免假決議由代表及少數股分之股東出席而草率成立，故仍要求應有代表已發行股份總數三分之一以上股東之出席，始得爲之，且於一個月內再行召開股東會。若再次召集之股東會，對於假決議內容如仍有代表已發行股份總數三分之一以上股東出席，經出席股東表決權過半數之同意，視爲普通決議，以避免股東會一開再開，無法作成決議進而影響公司業務之推展。

換言之，假決議之程序，可簡化成兩個假決議相加後等於一個普通決議。雖然假決議有其便宜行事之優點，然對於兩個假決議作成之效力即可等同於一個普通決議，似仍有不妥之處，假假豈可能成爲眞的，且假決議之門檻與普通決議之門檻亦有差別，倘若兩次假決議中贊成之人數皆爲相同，則將形成以較少之股份總數做成股東會決議，如此之制度將有違反多數決之原則，可能侵害其他未出席股東之權益，有違公司法之基本精神。

---

[9] 公司法論（上），柯芳枝，三民，2014年3月，頁239。

　　此外，倘若第二次假決議之出席數已達普通決議之出席數時，就我國條文觀之，此時之決議仍為假決議而非普通決議，如此之設計似有本末倒置之嫌。

書面投票與電子投票兩個制度對修正動議如何適用？

要點！

• 書面投票與電子投票兩個制度的意義。

參考條文

公司法第177條之1。

※相關問題：問題26、問題45。

說　明

　　公司法第177條之1規定，公司召開股東會時，得採行以書面或電子方式行使其表決權；其以書面或電子方式行使表決權時，其行使方法應載明於股東會召集通知。

　　所謂書面投票制度，係指無法出席股東會之股東，以書面通訊方式對於股東會議案進行投票；而所謂電子投票，由於公司法未明確規範「電子方式」爲何，僅以立法理由中表示依電子簽章法規定之電子方式，因此只要以電子或其他以人之知覺無法直接認識之方式，所製成足以表示股東表決權行使之紀錄，供電子處理之用，並可於日後取出查驗，且足以辨識及確認是由何者股東所行使者，即可符合「電子簽章規定之電子方式」。[10]

　　另外，書面投票及電子投票對於修正動議之適用，公司法第177條之1第2項規定：「前項以書面或電子方式行使表決權之股東，視爲親自出席股東會。但就該次股東會之臨時動議及原議案之修正，視爲棄權。」由於書面通訊投票係於股東會開會前，由不出席股東對於股東會之議案，事先將其贊成或反對意思以書面方式寄給公司，而電子投票與書面投票一樣，皆爲股東事前將其對於議案之贊成與否，以電子通訊之方式寄給公司。然臨時動議及原議案之修正案，兩者皆爲股東會進行中才產生之議案，股東事先無法從股東會通知書中知曉臨時動議之內容或是議案修正之內容爲何，因此無法進行事先投票，且無法於股東會中參與討論，故公司法中明文排除書面投票及電子投票之適用。

---

[10] 電子簽章法第2條第1、2款。

第十二章

股東會臨時動議

股東會主席對於臨時動議之提出應如何應對？

要點！

- 臨時動議之意義。
- 臨時動議之種類。
- 股東會主席之權限。
- 主席對於臨時動議之提出應如何應對？

參考條文

公司法第172條、第182條、第182條之1及第208條；證券交易法第26條之1及第43條之6；上市上櫃公司買回本公司股份辦法第10條之1。

※相關問題：問題20、問題27、問題28、問題83、問題85。

> 說　明

一、臨時動議之意義

股東會的臨時動議係指出席的股東及其代理人還有出席公司代表，於股東會臨時動議程序中，提出非原股東會議程中議案之提案，請求股東會議決之。臨時動議可分成兩種：關於議案的修正動議以及議事運作相關的動議。

二、臨時動議之種類

臨時動議可分為關於議案的修正動議（即修正動議）以及與股東會議事進行上的動議（即程序動議）兩種：

（一）修正動議，係指關於有記載於召集通知之議案修正，對於原議案內容提出變更之動議，具體項目例如董事、監察人選任或解任，決定董事、監察人之報酬數額。

（二）程序動議（議事進行上的動議），係指關於股東會會議運作以及其議事進行，具體項目例如檢查人之選任、要求會計監察人出席、股東會之延期、休息或續行會議、主席不信任等動議。

三、股東會主席之權限

股東會除由董事會以外之其他召集權人召集者，由該召集權人擔任該次股東會之主席（參照公司法第182條之1、第208條第3項）外，原則上係由董事會召集，而股東會主席係由董事長任之。對於股東會主席之職務權限為何，我國公司法並未直接明文規定，惟選任股東會主席之目的，係在

維持股東會之秩序，便於議事進行，在此目的內均屬主席之職務權限。再依公司法第182條之1「公司應訂定議事規則。股東會開會時，主席違反議事規則，宣布散會者，得以出席股東表決權過半數之同意推選一人擔任主席，繼續開會。」規定，基於公司自治原則，公司議事規則自得由公司自行規定，另可參照「○○股份有限公司股東會議事規則」參考範例第17條第2項「主席得指揮糾察員或保全人員協助維持會場秩序。……」及第4項「股東違反議事規則不服從主席糾正，妨礙會議之進行經制止不從者，得由主席指揮糾察員或保全人員請其離開會場。」等規定。

四、主席對於臨時動議提出之應對方式

首先須釐清者，股東若以臨時動議提出之新議題或新議案時[1]，身為股東會主席對該提案能否置喙，能否拒絕該股東提出之新議題或新議案？此問題思考方式有二：其一，依公司法第172條第5項，在法條所明文之重大事項限制不得以臨時動議提出，反面推論可知，非重大事項即可以臨時動議提出，此乃肯定說之依據；其二，另依公司法第172條之1股東提案權規定，股東在符合法定要件之下始得提出提案，在不符合法定要件下即不容許其提出，依舉重明輕之法理，股東自不得以臨時動議提出之新議題或新議案，否則將架空公司法第172條之1規定，此為否定說之論點。股東提案權為股東固有權，並無疑問，但倘若容許股東利用臨時動議提出新議題或新議案，無非將造成其他股東對於該提案之突襲，而無法充分事先準備該提案之相關資訊，並將架空董事會依公司法第172條之1之審查權限，並使得公司法第172條之1股東提案權之規範毫無意義，故應以否定說為妥。是臨時動議僅得就議案之修正動議以及程序之動議。另股東提議案之修正動議是否須具備公司法第172條之1「持有已發行股份總數百分之一以上股

---

[1] 議題與議案區分，請參見問題20。

份之規定」，請參閱問題28。

對於臨時動議之提案係屬程序動議者，因股東會主席係有維持股東會秩序之權限，包含臨時動議之審查權限，為使股東會議得以順利進行，得即時反對該程序的動議之提案，並詢問在場股東之意見，在場股東若無異議，議事將繼續進行，若有異議，再將該提案交由在場股東審議；係屬修正動議者，性質上屬股東提案權之行使一環，與程序動議屬主席權限不同，在採決的順序上有修正動議案優先採決說及原議案優先採決說，兩說對立，惟後說亦有分歧，有認為原議案、修正動議案應一併審議，再對於原議案採決之。依原議案優先採決說之看法，主席應先就原議案提出與股東先行採決，若最後採決結果係原議案通過，即表示股東係對修正動議案的否決。本書認為為評估修正動議之適法性與否，須以原議案、修正動議案一併審議，始得評斷修正動議是否適法，是應以後說為可採。

股東會主席對於股東提出修正動議如何處置？

問題83

要點！

- 股東會臨時動議提案權屬股東之原有權利。
- 修正動議內容是否適當、適法之判斷。
- 主席對於股東所提出的修正動議之處置。

參考條文

公司法第191條、第196條及第241條。

※相關問題：問題20。

說　明

　　修正動議之提案，係股東對於原議案之內容變更之請求，向股東會提出並經由股東會議決之動議，股東會臨時動議提案權屬股東之原有權利[2]。修正動議內容是否適當、適法，往往牽涉股東會決議之效力（公司法第191條），但我國公司法並未明文具體規範，惟法理上，股東會之臨時動議提案權屬股東之原有權利，自無不許之理。然是否係在無限制下均得提出，或者要在符合什麼要件才能提出，欠缺具體規定，相較於日本会社法有明文規範[3]，可以做為我國公司法修法之參考。在判斷該修正動議案是否適當、適法，是具有重要性的，因修正動議之提出係屬臨時性質，在不能保障未參予股東會之股東之機會下，須在召集通知之內容可合理預見該修正動議之範圍，才是被容許可以提出的。換言之，股東是可以預見該修正動議之提出，才可容許其提出。反若要追加修正動議之提案，係針對原議案內容變更之提案，或是對於不利於股東之提案，如果在召集通知內容無法預見的話，該修正動議是不允許提出追加的。在容許的情形，例如對於盈餘分配議案提出增額或減額的提案（公司法第241條）、對於選任董事的候補人選變更的提案、對於董事報酬提出減額的提案（公司法第

---

[2]　經濟部2006年6月12日經商字第09502082120號函：按公司法第172條之1第1項規定：「持有已發行股份總數百分之一以上股份之股東，得以書面向公司提出股東常會議案」，公司法雖於94年6月22日修正引進上開股東提案權，惟股東於股東會臨時動議提案之原有權利，並未因此喪失，此觀諸上開條文立法理由：「……若股東無提案權，則許多不得以臨時動議提出之議案，除非由董事會於開會通知列入，否則股東難有置喙之餘地，爰賦予股東提案權。」自明。

　　另經濟部1997年1月23日商87202158號函：按股份有限公司股東會之召集，依公司法第172條第3項規定：「通知及公告應載明召集事由。」同條文第4項並規定：「前項召集事由，得列臨時動議。但關於改選董事、監察人、變更章程或公司解散或合併之事項，應在事由中列舉，不得以臨時動議提出。」是以，參照上開規定之意旨，股東會議程進行中，股東自得依法為臨時動議之提案，此允屬股東之固有權，尚不得於公司章程或公司自訂之股東會議事規則中加以限制（包括附議之限制）。

[3]　參酌日本会社法第304條規定。

196條）等；相反地，不被容許的情形例如是對於選任董事的候補人選除名的提案（因為已影響到原議案）或是選任董事人數增加的提案（因為議題變更）、對於董事報酬提出增額（公司法第196條，對於股東並非有利）的提案等。

在此看來修正動議適法容許性，似乎有一定的基準，但是有反對見解認為適法容許性是沒有一定基準的，因在股東會議事進行時，修正動議之內容係千變萬化，難免有適當或不適當、適法或不適法等模糊不明、不易判斷之情形，況且，在股東會議事進行當下，在議事進行中須於短時間內判斷該修正動議是否適當、適法，亦有相當之困難性。

據此，主席對於股東所提出的修正動議在處置上，倘若該修正動議可以明顯判斷係屬不適當或是顯然違法的，得要求該股東將該修正動議的提案撤回，不予議決。假若該修正動議的提案，係無法即刻判斷其適當或適法性，得以適當休息，請專業律師或公司法務提供意見後，依善良管理人注意義務程度判斷之。

問題 *84* 股東會修正動議如何說明與表決？

要點！

- 修正動議提出的範圍。
- 修正動議之提出是否須說明理由，以及修正動議之表決方法及委託書之行使等情形如何處理。

參考條文

公司法第172條第5項、第174條、第177條之1及第177條之2；證券交易法第26條之1及第43條之6；上市上櫃公司買回本公司股份辦法第10條之1。

※相關問題：問題20、問題45。

說　明

　　修正動議提出的範圍必須限於「與股東會目的有相關的事項」之同一性議題範圍。其目的在於，因有許多股東在收到開會通知時，看到這次開會的議題和議案概要內容時，如果覺得這次開會議題或議案沒什麼重要的事，可能會覺得不去開這次股東會也沒關係，對於自身的利益沒有影響。但一旦開始會議後，倘若參與會議股東提出原開會通知預想外的議案，勢必將使未出席的股東措手不及，所以爲了防範未參與股東會之股東受到這樣突襲之情形，而有這樣的限制規定。因此，針對議題的同一性範圍應以「開會通知記載事項及參考資料所記載之股東是否可得預見」以及「是否有利於股東」爲判斷標準。

　　提出修正動議之股東因對於自己提出之修正案甚爲知悉，理應對於自己提出之修正案進行說明，表明爲何提出修正動議之理由，讓議場之股東瞭解該修正動議之理由後，方能進行表決贊成或反對。對於修正動議之表決方法，應依股數計算，並依應有代表已發行股份總數過半數股東之出席，以出席股東表決權過半數之同意行之（公司法第174條）。

　　在有委託書情形下，對於表決權行使書面記載原議案係贊成的情況下，對於修正動議爲反對的處理。原議案係反對的情況下，對於修正動議係以棄權處理[4]。另在以書面或電子方式行使表決權情形，除非有同法第177條之2規定之情形，否則依公司法第177條之1第2項規定，就該次股東會之臨時動議及原議案之修正，視爲棄權。

---

[4]　參見問題45。

問題 85　對於股東會議事進行上所提出的程序動議該如何處理？

要點！

- 程序的動議種類。
- 關於議事進行的動議，可區別如議場中需要詢問的動議和主席自行判斷是否需要執行的動議。
- 程序的動議是否須說明理由，以及程序的動議之表決方法及委託書之行使情形等如何處理。

參考條文

公司法第184條、第182條及第174條。

※相關問題：問題82、問題86。

說　明

一、程序的動議種類[5]計有：1.股東會提出資料要求選任調查人（公司法第184條第2項選任檢查人規定）；2.股東會延期或續行（公司法第182條）；3.要求（會計）監察人或審計委員會的出席；4.主席不信任案；5.休息；6.審議程序的變更；7.質疑討論。

二、關於議事進行上的動議，例如主席的不信任案或休息動議等，可區別如議場中需要詢問的動議和主席自行判斷是否需要執行的動議。

（一）需要諮詢議場的動議：調查人的選任（日本会社法第316條，相當於我國公司法第184條第2項選任檢查人之選任），延會、續會（日本会社法第317條），會計監察人出席要求（日本会社法第398條，在我國未設會計監察人，僅有監察人或審計委員會）等事項，必須要詢問議場之股東。其次，關於主席的不信任動議，主席自己是不能自行判斷（因為涉及主席自身利益，須要迴避），須先詢問提案股東之意見或想法，再詢問議場股東之意見，並須經由議場股東表決。

（二）主席可自行判斷的動議：在公司法上沒有規定的部分，在主席議事整理權的範圍內，主席需要自行判斷。討論質疑、休息、退場、議案的審議順序變更、表決權的概括審議、表決方法的動議等。

三、依程序動議種類第1至3項係屬須先詢問議場股東之動議；第4項因主席須迴避不能自行判斷，須確定提案股東之意見或想法後，再行詢問議場股東之意見後再進行表決；第5至7項係為由主席自行裁量判斷適不適當。程序動議若為須先詢問議場股東之動議，為了使議事程序進行順利，提案者應就提出程序動議作說明理由，須有很明確的說明理由，倘若沒有明確的說明理由，將視議場進行狀況決定是否進行該動

5　此為日本会社法之程序動議分類。

議的議決。

四、而程序動議須經議場股東表決，並無疑義，惟表決權數係以股數計算抑或以股東人數計算，尚有疑義；有一說認為股東會決議係以股數計算，在程序動議上亦同，此為實務所採。惟另一說認為因程序之動議係屬議事進行事項，乃維持議場股東之舉止，依股東平等原則，應以股東人數計算即可，本書從之。無論以股數計算抑或以股東人數計算，均須以多數決決之。至於表決方法得否以拍手鼓掌通過方式為之，法無明文，依會議體一般原則均認為有效方法。但應注意者，依本書見解，係以股東人數計算表決權數，因在場股東的拍手鼓掌動作可表現出在場股東之反應，所以以拍手鼓掌方式表決並無問題，然若係以股數計算表決權數，是否得以股東的拍手鼓掌動作視為股份表決之行為，會有問題，所以仍須以投票方式決之。又，程序之動議即使在有委託書情形下，因屬議事進行事項，表決權數應不予算入，另在以書面或電子方式行使表決權情形，亦不予算入，自不待言。

問題 86　股東會進行中，股東提出主席不信任動議，應如何處理？

要點！

- 對於股東會會場上，股東以「主席下台」反對主席之議事進行，是否表示提出對主席不信任之動議不明時，應如何處理？
- 主席不信任動議案（罷免案）表決時，主席應迴避還是可參與表決？

參考條文

公司法第182條之1及第208條第3項。

※相關問題：問題82、問題85。

說　明

　　關於主席的不信任動議，非屬主席議事整理權行使之範圍內，主席自己不能自行判斷，須先詢問提案股東之意見或想法，再詢問議場股東之意見，如前問題85所述。惟如對於股東會會場上，股東以「主席下台」反對主席之議事進行，是否表示提出對主席不信任之動議不明時，因無法確定係提出對主席不信任之動議，抑或股東以「主席下台」之呼喊，而爲反對擾亂議事之進行，如此業已影響議事進行以及議事秩序，主席仍應先詢問該反對股東之意見或想法，若屬主席不信任動議之提案，則再詢問議場股東之意見並表決之。

　　主席如果遇到對自己之不信任案表決時，是否有必要予以迴避？否定說認爲主席僅係爲議事進行而已，並非是提案決議內容的特別利害關係者，所以對於主席的不信任案，由主席本身參與表決的話，也並不會失去公平。然肯定說則認爲，主席係代表公司經營者（公司法第182條之1、第208條第3項），如果其公正性已被質疑，特別是在公司派與反對派勢均力敵情況下，會以拍手或舉手方式表決之，導致反對派股東不滿而發生這樣的狀況，所以主席對自己之不信任案表決時，是要迴避的。本書認爲，主席之不信任案表決，因有涉及主席自身利益（涉及能否繼續擔任主席，以及擔任主席得以主掌股東會議事進行的權限），所以表決時仍要就該不信任案迴避。須特別注意者，主席係針對主席不信任案之表決，非主席爲維持股東會之秩序或議事進行，即非屬主席議事權限行使之範圍，因此，此時主席係針對表決權行使須予以迴避，並非主席議事權限行使之迴避。

第十三章

股東會公司之說明義務

問題 **87** ## 公司對股東會有說明義務嗎？

要點！

- 股東會公司說明義務的必要性。
- 我國公司法無明文規定股東會公司之說明義務，但是會議之本質，議案提案者對提案理由之說明是當然道理，只是說明範圍、程度如何設定則是問題。

參考條文

　　公司法第172條之1、第182條之1及第208條第3項；「○○股份有限公司股東會議事規則」參考範例第11條。

※相關問題：問題38。

說　明

　　目前我國公司法之法制係企業經營與企業所有分離原則，股東原則上對於公司並無實際參與經營，造成股東對於股東會上所提出之議案之相關資訊取得相對不易，在資訊不對等之情形下，為讓股東在表決前，能取得相關資訊，避免盲目表決，實有賦予股東質問權及說明義務人說明義務之必要。

　　然我國目前僅於「○○股份有限公司股東會議事規則」參考範例第11條：「出席股東發言前，須先填具發言條載明發言要旨、股東戶號（或出席證編號）及戶名，由主席定其發言順序。出席股東僅提發言條而未發言者，視為未發言。發言內容與發言條記載不符者，以發言內容為準。同一議案每一股東發言，非經主席之同意不得超過兩次，每次不得超過五分鐘，惟股東發言違反規定或超出議題範圍者，主席得制止其發言。出席股東發言時，其他股東除經徵得主席及發言股東同意外，不得發言干擾，違反者主席應予制止。法人股東指派二人以上之代表出席股東會時，同一議案僅得推由一人發言。出席股東發言後，主席得親自或指定相關人員答覆」有股東發言權之規定。

　　雖然我國公司法目前尚無明文賦予股東質問權，然為使股東能於行使表決權前獲得充分之資訊，進而適切的行使股東表決權，依法理股東實有對說明義務人提出質問之權利，說明義務人對於股東所提出之質問則負有說明之義務。

　　本書認為雖我國公司法就說明義務人於股東會上之說明義務無任何規範，然此為當然且必須，並不應沒有具體規範，即認為沒有存在之必要性。而說明義務人應為：

　　一、董事。股東會上之提案，多數係由董事會提出，而董事為董事會之成員，位於經營管理階層，為執行業務之人，對提案內容所涉及之相關資訊理應有所知悉、瞭解，則對股東之質問，當負有說明之義務。

二、監察人。監察人爲公司監督機關，監督董事會業務之執行，得隨時調查公司業務及財務狀況，對於董事會編造提出股東會之各種表冊，應予查核，並報告意見於股東會，故股東於股東會上就與監察人職務行使範圍內有關之議題、議案向監察人提出質問時，監察人亦當負有說明之義務。

三、主席。主席係掌控股東會議事進行之人，對於股東就股東會成立與否或與議事進行之有關事項提出質問時，負有說明之義務。

四、提案股東。公司法第172條之1第3項明定提案股東應親自或委託他人出席股東常會，並參與該項議案討論，足見提案股東負有積極參與其所提議案之責任，該議案既係提案股東所提出，則當其他股東於股東會上就其所提議案提出質問，則理當由提案股東就該議案盡說明義務，較爲合理。

問題  **股東質問股東會之會議程序事項，公司有無說明之義務？**

要點！

• 除議案以外，某股東對於會議程序事項，如出席人數、表決權數、開會日設定日之理由提出質問時，有沒有說明義務。

參考條文

日本会社法第314條；德國股份法第131條。

※相關問題：問題12、問題14、問題21、問題73。

說　明

　　股東質問權的行使是否僅能就特定範圍內之事項提出質問？抑或對任何公司事務都可以提出質問？股東對於哪些事項可以提出質問？其實是一個相當重要的問題，惟我國公司法對此並無任何規範。

　　日本会社法第314條[1]：「董事、會計參與、監察人及執行人，在股東會上股東要求對於特定事項進行說明的情況下，必須對該事項進行必要的說明。但該事項與股東會目的事項無關的情形，因進行該說明明顯損害股東共同利益的情形及其他法務省法令規定的有正當理由的情形，不在此限。」從但書反面解釋可知，股東質問事項應與股東會目的事項有關，而股東會目的事項應係指對議案之表決，故股東請求說明之範圍應侷限於具體與議題、議案有關之事項。

　　德國股份法第131條第1項[2]則係規定股東質問權行使之範圍，為對股東會議議程做出判斷所必需之公司事務，並擴及至公司與關係企業之法律上與業務上關係。而判斷質問事項是否與股東會議程有關，及是否為做出

---

[1] 日本会社法第314条：「取締役、会計参与、監査役及び執行役は、株主総会において、株主から特定の事項について説明を求められた場合には、当該事項について必要な説明をしなければならない。ただし、当該事項が株主総会の目的である事項に関しないものである場合、その説明をすることにより株主の共同の利益を著しく害する場合その他正当な理由がある場合として法務省令で定める場合は、この限りでない。」

[2] Aktiengesetz §131(1)："Jedem Aktionäristauf Verlangeninder Hauptversammlungvom Vorstand Auskunftüber Angelegenheitender Gesellschaftzugeben,soweitsiezursachgemäßen Beurteilungdes Gegenstandsder Tagesor dnung for derlichist.Die Auskunftspflichterstrecktsichauchaufdierechtlichenundgeschäftlichen Beziehungender Gesellschaftzueinemverbundenen Unternehmen.Machteine Gesellschaftvonden Erleichterungennach §266Absatz1 Satz3, §276oder §288des Handelsgesetzbuchs Gebrauch,sokannjeder Aktionärverlangen,dassihminder Hauptversammlungüberden Jahresabsch lussder Jahresabsch lussinder Formvorgelegtwird,dieerohnediese Erleichterungenhätte.Die Auskunftspflichtdes Vorstandseines Mutterunternehmens (§290Abs.1,2des Handelsgesetzbuchs) inder Hauptversammlung, derder Konzernabschlussundder Konzernlageberichtvorgelegtwerden,erstrecktsichauchaufdie Lagedes Konzernsundderinden Konzernabschlusseinbezogenen Unternehmen."

參考網站網址：http://www.gesetze-im-internet.de/aktg/

判斷所必需者，應從理性、客觀之第三人之角度判斷。

　　綜上可知，日本、德國係以概括規定規範股東僅能就特定事項行使質問權，防止股東濫用質問權，蓄意擾亂股東會議事之進行。本書認為就與議事進行之有關事項（如出席數之清點、表決方法之決定、延期或續會之動議等），攸關於股東會議事之進行是否合乎法律之規定，則於股東就與議事進行之有關事項有所質疑提出質問時，掌控股東會議事進行之主席，就股東提出之質問，於合理之範圍內負有說明之義務，應有說明之必要。

股東針對股東會議題一直質問不止時該如何應對？

要點！

- 股東會公司說明程度要到何程度。
- 最具爭議問題是質問者一直表示說還無法理解，沒完沒了的追問時，該如何應對？

參考條文

日本会社法第314條；「○○股份有限公司股東會議事規則」參考範例第17條。

※相關問題：問題72、問題90。

說　明

　　我國公司法對於股東質問事項應爲之說明程度爲何，並無規範，國內學者對於此部分亦無太多討論。要判斷說明義務履行之程度爲何，本書認爲可參酌日本法規定，係以「一名具有正常理解能力和判斷水準的股東，作爲理解股東會的目的事項，所需要的相關資訊程度」爲衡量標準，即說明之內容對於任何一位股東在通常情形下而言，都能清楚理解，即得認爲已盡說明義務，而非以答詢者或質問者之主觀認知爲標準。本書認爲，說明義務人在股東會上回答股東之質問時，應做到下列幾點：

一、說明義務人之說明應完整、客觀，對於股東質問之事項，應儘量詳細加以答覆，在容易產生歧異之地方應更加詳細、完整說明，讓股東得以做出正確之判斷。若說明義務人無法確定如何答覆時，應允許由相關業務負責人代爲說明。

二、說明之內容應眞實、準確，說明義務人應依照忠實義務履行說明義務，不能以偏概全或爲虛假說明。

三、原則上說明義務人就股東之質問應分別予以說明，惟因說明義務係針對質問事項，而非股東個人，則若有本質同一之數個質問時，爲提高股東會之效率，應得將本質同一之數個質問歸納、整理後一併說明。

四、說明義務人拒絕回答股東之質問時，應清楚表示拒絕之理由。

　　如股東對於同一事項一再質問，爲讓股東會議事能順利進行，則無必要再次履行說明義務，得拒絕說明，若已妨礙會議之進行經制止不從者，議會主席甚至得指揮糾察員或保全人員請其離開會場[3]。

---

[3] 「○○股份有限公司股東會議事規則」參考範例第17條：「辦理股東會之會務人員應佩帶識別證或臂章。主席得指揮糾察員或保全人員協助維持會場秩序。糾察員或保全人員在場協助維持秩序時，應佩戴『糾察員』字樣臂章或識別證。會場備有擴音設備者，股東非以本公司配置之設備發言時，主席得制止之。股東違反議事規則不服從主席糾正，妨礙會議之進行經制止不從者，得由主席指揮糾察員或保全人員請其離開會場。」

問題 **90** 股東會負有說明義務者，可以拒絕說明之事由有哪些？

要點！

• 說明義務人之說明義務並非無限制，什麼事由可以拒絕說明？

參考條文

　　日本会社法第314條；日本会社法施行規則第71條；德國股份法第131條。

※相關問題：問題87、問題88、問題89。

說　明

　　我國公司法對於說明義務、拒絕說明事由均無任何規範。日本会社法第314條但書規定：「但該事項與股東會目的事項無關的情形，因進行該說明明顯損害股東共同利益的情形及其他法務省法令規定的有正當理由的情形，不在此限。」及日本会社法施行規則第71條[4]規定：「本法第314條規定的法務省法令規定的情形，為以下所指之情形。一、說明有關股東所要求說明的事項有調查之必要時（以下所指的情形除外）。（一）該股東於股東會開會前相當期間內對股份有限公司通知質問事項。（二）為有關該質問事項的說明所為必要調查有顯著容易時。二、說明關於股東要求說明的事項有侵害股份有限公司的其他股東（該股東除外）的權利時。三、股東於該次股東會有重複要求就實質上的同一事項為說明時。四、前三款所指的情形外，有關股東要求說明的事項有不為說明的正當理由時。」

　　德國股份法第131條第3項[5]列舉七種拒絕說明事由：一、依理性商人

---

[4]　日本会社法施行規則第71条：「法第三百十四条に規定する法務省令で定める場合は、次に掲げる場合とする。一、株主が説明を求めた事項について説明をするために調査をすることが必要である場合（次に掲げる場合を除く。）イ、当該株主が株主総会の日より相当の期間前に当該事項を株式会社に対して通知した場合。ロ、当該事項について説明をするために必要な調査が著しく容易である場合。二、株主が説明を求めた事項について説明をすることにより株式会社その他の者（当該株主を除く。）の権利を侵害することとなる場合。三、株主が当該株主総会において実質的に同一の事項について繰り返して説明を求める場合。四、前三号に掲げる場合のほか、株主が説明を求めた事項について説明をしないことにつき正当な理由がある場合。」

[5]　Aktiengesetz §131(3): "Der Vorstanddarfdie Auskunftverweigern, 1. soweitdie Erteilungder Auskunftnachvernünftigerkaufmännischer Beurteilunggeeignetist, der Gesellschaftodereinemverbundenen Unternehmeneinennichterheblichen Nachteilzuzufügen; 2. soweitsiesichaufsteuerliche Wertansätzeoderdie Höheeinzelner Steuernbezieht; 3. überden Unterschiedzwischendem Wert, mitdem Gegenständeinder Jahresbilanzangesetztwordensind, undeinemhöheren Wertdieser Gegenstände, esseidenn, daßdie Hauptversammlungden Jahresabschlußfeststellt; 4. überdie Bilanzierungs-und Bewertungsmethoden, soweitdie Angabedieser Methodenim Anhangausreicht, umeindentatsächlichen Verhältnissenentsprechendes Bildder Vermögens-, Finanz-und Ertragslageder Gesellschaftim Sinnedes§264Abs. 2des Handelsgesetzbuchszuvermitteln; diesgiltnicht, wenndie Hauptversam-

之判斷，回答質問將造成公司或關係企業不小之不利益者；二、涉及稅賦之評價或個別稅賦之高低者；三、除非由股東會決議年終決算，否則關於資產負債表所列各項目之價值與較高價值間之差異，董事會得拒絕回答；四、除非由股東會決議年終決算，否則對於編制資產負債表和評價之方法，若依《商法典》第264條第2款在「附錄」中已充分說明及揭露公司財產、財務及收益狀況之情形下，董事會得予拒絕；五、若董事會回答股東之質問將負刑事責任者；六、金融機構無須對所使用之編制資產負債表和評估之方法以及在年度決算中已作出之決算、財務報告、康采恩決算（合併決算）或者康采恩財務報告（合併財務報告）予以說明者；七、在股東會召開前至少超過七日，並在股東會期間持續在公司網站上提出說明者[6]。

　　本書認為可拒絕說明之事由得歸納為下列幾種類型：

---

mlungden Jahresabschlußfeststellt; 5. soweitsichder Vorstanddurchdie Erteilungder Auskunftstrafbarmachenwürde; 6. soweitbeieinem Kreditinstitutoder Finanzdienstleistungsinstitut Angabenüberangewandte Bilanzierungs-und Bewertungsmethodensowievorgenommene Verrechnungenim Jahresabschluß, Lagebericht, Konzernabschlußoder Konzernlageberichtnichtgemachtzuwerdenbrauchen; 7. soweitdie Auskunftaufder Internetseiteder Gesellschaftübermindestenssieben Tagevor Beginnundinder Hauptversammlungdurchgängigzugänglichist."

[6]　胡曉靜、楊代雄譯，德國商事公司法，2014年1月，頁132-133。黃程國，論股份有限公司下股東資訊權，國立臺北大學法律學系碩士論文，2009年6月，頁129-130。

一、質問事項與會議程序事項、會議議題、議案無關

會議程序事項是否完備，攸關於股東會議之進行是否合乎法律之規定，則於股東對會議程序事項提出質問時，說明義務人有說明之必要。

股東會召開前，開會通知書上會載明該次之議題、議案，股東可以利用開會前之時間事先蒐集相關資料，以便於股東會時提出質問；相對地，說明義務人亦可就於股東會所要討論之議題、議案預作必要之準備，以便在股東會上回答股東之質問，達到最有效之說明、解釋效果，進而使股東會之議程能順利於短時間內結束。

除上開事項外，爲防止股東濫用質問權，蓄意擾亂股東會，阻礙股東會議程之進行，應認說明義務人得拒絕說明。

二、做出說明將使公司和股東之共同利益明顯受損

一般而言，股東並非專業管理人員，不清楚何些資訊公開後會損及公司和股東共同利益，而董事、監察人必須盡善良管理人注意義務和忠實義務，維護公司和股東共同利益，因此當股東質問之問題涉及公司之營業秘密或會損害股東共同利益時，董事、監察人應以其所具有之專業知識、判斷能力，就會損害股東共同利益之質問拒絕說明，防止股東濫用質問權而損害公司和股東共同利益。而提案股東之說明亦應避免損害公司和股東共同利益。

說明義務人判斷是否拒絕說明時，應以客觀的利益權衡判斷，以股東從說明中能獲得之利益與公司及股東將會遭受到之不利益來做比較，若公司及股東遭受到之不利益顯然較大時，可認爲有損害股東共同利益，說明義務人應拒絕說明。

三、為說明該事項而需要另外展開調查之事項（股東於股東會開會前相當期間內已通知質問事項，及就有關質問事項的說明所為必要調查顯相當容易時，則不得拒絕）

雖然董事會係業務執行機關，然實際執行者係執行董事或經理人員，並非每位董事均能全面瞭解、掌握公司業務執行情形，則在董事無法正確、完整說明下，應給予延期說明之權利，亦可避免董事胡亂說明、敷衍行事。而監察人、提案股東亦同樣有無法正確、完整說明之可能。

然為避免說明義務人濫用此事由拒絕就股東提出之質問為說明，則在股東於股東會開會前相當期間內已通知質問事項，及就有關質問事項的說明所為必要調查顯相當容易時，說明義務人不得拒絕。

四、在該次股東會上重複要求就實質上同一之事項為說明

為加速股東會議事之進行，就說明義務人已說明之事項，股東提出重複質問時，說明義務人應無必要再次履行說明義務，此時說明義務人應可拒絕說明。

五、股東自身可獲得之資訊

質問權在於彌補股東獲得公司資訊上之缺陷，若股東尤其係法人股東或具有專業知識之股東，自身即可獲得之資訊（如股東質問之事項，已於公司之網站上提出說明；或董事會提出之報表已充分說明及揭露公司財產、財務及收益狀況），如仍要求說明義務人再為重複說明，恐與質問權設計之初衷相悖，故此時說明義務人應可拒絕說明。

問題 *91* 股東會說明義務人違反說明義務之效果如何？

要點！

- 說明義務人對於不當之質問可以拒絕說明，但對於正當的質問而作不當的說明回答，形成違反說明義務，其法律效果如何？

參考條文

公司法第189條；日本会社法第314條及第831條；德國股份法第131條、第132條及第243條。

※相關問題：問題95、問題96、問題99。

說　明

　　日本会社法第314條業已明定董事、會計參與、監察人及執行人，在股東會上股東要求對於特定事項進行說明的情況下，必須對該事項進行必要的說明。而股東質問權之主要目的在於讓股東行使表決權前能獲得充分之資訊，故質問權是否獲得滿足攸關股東表決權之行使是否適切，影響股東會決議之正確性，則在股東會上如董事對於股東之質問爲不實說明或無正當理由拒絕說明時，將對股東會決議有重大影響，是董事違反說明義務時，應屬股東會決議方法違反法令，依日本会社法第831條第1項[7]規定，股東會召集程序或決議方法違反法律或章程時，股東可於股東會決議之日起三個月內以訴訟請求撤銷股東會決議。

　　在德國法上，股東之質問被董事會拒絕回答時，依德國股份法第131條第5項[8]規定，股東可以要求將其問題和董事會拒絕回答之理由記載於股

---

[7]　日本会社法第831条第1項：「次の各号に掲げる場合には、株主等（当該各号の株主総会等が創立総会又は種類創立総会である場合にあっては、株主等、設立時株主、設立時取締役又は設立時監査役）は、株主総会等の決議の日から三箇月以内に、訴えをもって当該決議の取消しを請求することができる。当該決議の取消しにより株主（当該決議が創立総会の決議である場合にあっては、設立時株主）又は取締役（監査等委員会設置会社にあっては、監査等委員である取締役又はそれ以外の取締役。以下この項において同じ。）、監査役若しくは清算人（当該決議が株主総会又は種類株主総会の決議である場合にあっては第三百四十六条第一項（第四百七十九条第四項において準用する場合を含む。）の規定により取締役、監査役又は清算人としての権利義務を有する者を含み、当該決議が創立総会又は種類創立総会の決議である場合にあっては設立時取締役（設立しようとする株式会社が監査等委員会設置会社である場合にあっては、設立時監査等委員である設立時取締役又はそれ以外の設立時取締役）又は設立時監査役を含む。）となる者も、同様とする。一、株主総会等の招集の手続又は決議の方法が法令若しくは定款に違反し、又は著しく不公正なとき。二、株主総会等の決議の内容が定款に違反するとき。三、株主総会等の決議について特別の利害関係を有する者が議決権を行使したことによって、著しく不当な決議がされたとき。」

[8]　Aktiengesetz §131(5): "Wirdeinem Aktionäreine Auskunftverweigert, sokannerverlangen, daßseine Frageundder Grund, ausdemdie Auskunftverweigertwordenist, indie Niederschriftüberdie Verhandlungaufgenommenwarden."

東會之討論紀錄上。股東並得於股東會後二星期內依德國股份法第132條第1項[9]規定，向公司所在地之地方法院訴請董事會給予答覆。再者，董事會未依德國股份法第131條規定履行說明義務時，股東並得依同法第243條第4項[10]規定提起撤銷股東會決議之訴。

本書認為說明義務之違反可區分為「有說明但說明不完整」及「完全沒有說明」兩種類型，違反時所產生之法律效果亦有所不同，試析如下：

一、「有說明但說明不完整」之說明義務違反，股東得訴請法院撤銷股東會決議

因我國公司法並無股東質問權之明文規定，故本書雖認為使股東能於行使表決權前獲得充分之資訊，進而適切的行使股東表決權，依法理股東實有對說明義務人提出質問之權利，說明義務人對於股東所提出之質問則負有說明之義務，惟因公司法第189條[11]須係違反法令或章程之情形，是說明義務人對股東之質問縱有違反說明義務之情形，似難據公司法第189條規定提起撤銷訴訟。

依我國目前法制，欲解決上開問題，似乎僅能將在有經過股東會決議通過之股東會議事規則所賦予股東之發言權，認為係股東質問權之體現，

---

[9] Aktiengesetz §132(1): "Obder Vorstanddie Auskunftzugebenhat, entscheidetauf Antragausschließlichdas Landgericht, indessen Bezirkdie Gesellschaftihren Sitzhat."

[10] Aktiengesetz §243(4): "Wegenunrichtiger,unvollständigeroderverweigerter Erteilungvon Informationenkannnurangefochtenwerden,wenneinobjektivurteilender Aktionärdie Erteilungder Informationalswesentliche Voraussetzungfürdiesachgerechte Wahrnehmungseiner Teilnahme-und Mitgliedschaftsrechteangesehenhätte. Aufunrichtige, unvollständigeoderunzureichendeInformationeninder Hauptversammlungüberdie Ermittlung, Höheoder Angemessenheitvon Ausgleich, Abfindung, Zuzahlungoderübersonstige Kompensationenkanneine Anfechtungsklagenichtgestütztwerden, wenndas Gesetzfür Bewertungsrügenein Spruchverfahrenvorsieht."

[11] 公司法第189條：「股東會之召集程序或其決議方法，違反法令或章程時，股東得自決議之日起三十日內，訴請法院撤銷其決議。」

於說明義務人未履行說明義務時，認係股東會之決議方法有違反法令或章程[12]，股東得依公司法第189條規定提起撤銷訴訟。然而，實務上亦有認為議事規則雖經股東會決議通過，但其效力究與章程有別[13]，如採此見解，因公司法第189條只限於違反法令或章程，不及於股東會議事規則，則於說明義務人未履行說明義務時，尚難認股東會之決議方法有違反法令或章程。

　　本書認為日後修法應於公司法明文賦予股東質問權，則於說明義務人在股東行使質問權而未盡說明義務時，股東即得依公司法第189條規定訴請法院撤銷股東會決議。

二、「完全沒有說明」之說明義務違反，股東得提起確認股東會決議不成立之訴

　　股東會議決議之瑕疵，與法律行為之瑕疵相近，有不成立、無效、得撤銷等態樣。所謂決議不成立，係指自決議成立過程觀之，顯然有違反法令等重大瑕疵情形，在法律上不能認為有股東會議之召開或成立決議之情形。

---

[12] 最高法院90年度台上字第671號判決，原審審理結果以：……上訴人公司股東會議事規則雖係經由該公司1996年3月4日發起人會議決議通過，惟股東會成立後既未對該議事規則再為決議，自不應認其與公司章程有同一之效力，更不得與公司法之規定有所牴觸……等詞，因而維持第一審所為上訴人敗訴之判決，駁回其上訴，經核於法並無不合。從上開判決反面解釋來看，似可認為股東會議事規則於經股東會決議通過，應認與公司章程有同一之效力。

[13] 最高法院78年度台上字第1032號判決，按章程係由發起人以全體之同意訂立，為公司申請設立登記事項之一，於公司成立後，其變更須經股東會之特別決議（公司法第277條），議事規則雖經股東會決議通過，但其效力究與章程有別。原審以議事規則既經股東會決議通過，即與章程具有同一之效力，進而認系爭股東會決議違反議事規則之規定，被上訴人得據以請求撤銷，非無可議。臺灣高等法院97年度上字第53號判決，公司章程係由發起人以全體之同意訂立，為公司申請設立登記事項之一，於公司成立後，其變更須經股東會之特別決議，議事規則雖經股東會決議通過，惟究與公司章程不同，尚難認與章程具有同一之效力。

　　本書認爲基於爲使股東能於行使表決權前獲得充分之資訊，進而適切的行使股東表決權，股東實有對說明義務人提出質問之權利，說明義務人則負有說明之義務，此爲法理所當然，不因公司法沒有具體規範，即認爲股東之質問權、說明義務人之說明義務不存在，故在說明義務人完全沒有說明之情形下，導致股東未能於行使表決權前獲得充分之資訊，進而適切的行使股東表決權，可認在決議成立之過程有重大瑕疵存在，股東應可因此提起確認股東會決議不成立之訴。

問題 **92** 股東針對董事私事醜聞於股東會提出質問，公司應如何對付？

要點！

- 說明義務之實例——對董事醜聞之報導之質問。故意揭露董事私事醜聞打擊公司當權派之舉動很多，公司應如何對付？
- 股東對董事醜聞之報導提出質問，顯係針對董事之私領域部分，與股東會之議題、議案或議事進行之有關事項無關，對於股東就此部分所提出之質問，董事無說明之義務，故董事對股東之質問得拒絕說明。

參考條文

　　公司法第23條、第209條；「○○股份有限公司股東會議事規則」參考範例第17條。

※相關問題：問題72、問題87、問題90。

說　明

　　「○○股份有限公司股東會議事規則」參考範例第17條：「辦理股東會之會務人員應佩帶識別證或臂章。主席得指揮糾察員或保全人員協助維持會場秩序。糾察員或保全人員在場協助維持秩序時，應佩戴『糾察員』字樣臂章或識別證。會場備有擴音設備者，股東非以本公司配置之設備發言時，主席得制止之。股東違反議事規則不服從主席糾正，妨礙會議之進行經制止不從者，得由主席指揮糾察員或保全人員請其離開會場。」若公司訂有類似上開參考範例之股東會議事規則，而股東對董事醜聞報導之質問顯非具體與議題、議案或議事進行之事項有關，而係刻意妨礙會議之進行，主席得制止之，不從者，主席得指揮糾察員或保全人員請其離開會場。

　　然而董事依公司法第23條第1項[14]對公司負有忠實義務，基此，董事對股東會負有一般說明義務（如公司法第209條第1項[15]），則若董事個人私事醜聞已影響到公司，基於忠實義務下之一般說明義務，董事似仍負有說明之義務。

---

[14] 公司法第23條第1項：「公司負責人應忠實執行業務並盡善良管理人之注意義務，如有違反致公司受有損害者，負損害賠償責任。」
[15] 公司法第209條第1項：「董事為自己或他人為屬於公司營業範圍內之行為，應對股東會說明其行為之重要內容並取得其許可。」

第十四章

股東會決議的效力

問題 **93** # 股東會決議有何效力？

要點！

- 股東會決議效力之一般論。
- 股東爲公司出資者，屬所有人地位所集結之股東會爲股份有限公司最高意思機關，決議之意思對內拘束董事會業務執行行爲。
- 法定列舉股東會決議事項屬股東會專屬權限，董事會無決議權；惟董事會權限是否得讓與股東會，應認有無法明文列舉。有列舉者，爲專屬決議界限，不得讓與；無明文者，需依本質個案判斷是否可讓。
- 法定或章定股東會決議事項，經正當法定程序之合法決議程序後，即生決議效力，形成爲公司之意思表示。

參考條文

公司法第8條、第13條、第23條、第29條、第33條、第34條、第84條、第173條、第184條、第185條、第192條、第193條、第196條、第198條、第199條、第202條、第204條、第209條、第212條、第216條、第218條、第218條之2、第224條、第225條、第227條、第230條、第237條、第240條、第241條、第277條、第316條、第322條、第323條、第326條、第331條、第334條、第356條之13及第356條之14；民法第535條及第544條。

※相關問題：《公司法爭議問題研析：董事篇》問題1：董事會與股東會之權限如何劃分？問題2：董事會權限是否可讓與股東會？

說 明

一、股份有限公司為法人，無法自己運作，需設置機關。公司法設計股份有限公司法定必備機關，為意思機關股東會、執行機關董事會及監督機關監察人三者。股東會者，係股東就公司之業務為個別之意思表示，並加以決議，以之形成公司意思決定之股份有限公司最高必要意思機關[1]。惟股份有限公司股東人數眾多，實無法常態性的集合來對公司業務進行個別決議，故於2001年修正公司法第202條規定：「公司業務之執行，除本法或章程規定應由股東會決議之事項外，均應由董事會決議行之。」將公司業務執行權分配予董事會，強化董事會權能，劃出董事會與股東會權限範圍，體制邁向董事會中心，於特定法定或章定事項才由股東會決議。

二、蓋公司係為全體股東所有，從而公司之意思決定方向，於公司法第202條本法及章程規定之事項範圍內，應取決於全體所有人之決定，由全體股東決定公司意志應如何走向，是此股東會為公司最高意思決定機關地位。又按股東會組織性質，為屬「會議體」型態之法定、常設機關，以股東會作出「決議」的方式，形成公司之決定意思。在股東會決議係將股東集結後以會議體型態做出意思表示，相互不同意見的股東間，要取得全體一致相同的意思方向，實有難度，更遑論是在公開發行公司股東人數眾多的情況下。因此為求得一個最終意見，致決議正當性確立合法有效，且讓決議結果能拘束與其不同意見之其他股東[2]，判斷決議結果最後是往哪個意見方向取決的方法，應以「多數決原則」為之。復基於股份有限公司性質屬資合公司，係以股份做為單位，為保障每一股權之公平平等，就股東會召集至決議結束這整程序進行，應有「正當法定程序」之要求，就其召集、召開、會議進

---

[1] 王文宇，公司法論，元照出版有限公司，2006年8月3版，頁271。
[2] 包括沒有投票、投反對票、棄權投票或已通知應出席而未出席之股東。

行、表決等過程，均應依法進行。經此，就法定及章定股東會決議事項範圍內所為之股東會決議，才合法形成公司意思表示而生效。

三、股東會決議為公司內部決定的意思，股東會本身並無執行其決議之權限，就其決議內容之執行，仍須透過業務執行機關或代表機關為之[3]。則股東會決議就公司之拘束力，在公司董事、監察人、經理人按公司法第192條第4項、第216條第3項、第29條第1項規定，與公司之間，屬民法委任關係，故按民法第535條規定，其應受委任人即公司之指示，也就是股東會決議所決定之意思方針，以善良管理人注意處理所委任之公司經營事務。又就公司法第8條第1項當然負責人之董事而言，董事為業務執行機關，爰公司法第23條第1項忠實義務及善良管理人注意義務規定，及同法第193條第1項：「董事會執行業務，應依照法令章程及股東會之決議。」董事執行業務應以善良管理人注意，忠實執行股東會決議內容。再於公司法第8條第2項職務負責人之經理人、監察人等部分，除均需依公司法第23條第1項忠實義務及善良管理人義務遵行股東會決議之外，經理人亦按公司法第33條規定，執行業務不得變更公司股東會決議或逾越其規定之權限。而監察人亦按公司法第218條第1項：「監察人應監督公司業務之執行，……」、第218條之2：「監察人得列席董事會陳述意見。董事會或董事執行業務有違反……股東會決議之行為者，監察人應即通知董事會或董事停止其行為。」可知，監察人除遵行股東會決議者外，更有監督公司業務執行人員及董事是否有遵行股東會決議之善良管理人注意義務。而公司其他屬委任關係之執行業務人員，依民法第535條規定遵行股東會決議。由此可見，股東會決議為公司整體營運經營之指標方向，按法理，實對公司各機關人員，皆有拘束效力，此係為股東會決議內部效力。

---

[3] 柯芳枝，公司法論（上），三民書局，2014年9版，頁211。

四、則董事、監察人、經理人等執行業務人員未遵行股東會決議時當如何？在委任關係中，此等受任人責任，於處理委任事務有過失，或因逾越權限行爲所生之損害，依民法第544條規定，對於委任人即公司應負賠償之責；倘若係故意悖於股東會決議，除尙有刑法背信罪等涉犯者外，更恐有民法第184條第1項前段、第2項侵權行爲損害賠償責任之發生。復就公司法第8條負責人範疇，有公司法第23條第1項規定公司得請求損害賠償。另外各別損害賠償之規定，於董事會執行業務，應依照法令章程及股東會決議，於董事會決議違反致公司受有損害時，公司得爰公司法第193條第1項、第2項規定，對參與決議之董事，請求損害賠償。又經理人執行業務違反股東會決議時，亦尙可依公司法第33條、第34條規定，對公司負損害賠償之責。在監察人部分，雖公司法第224條：「監察人執行職務違反法令、章程或怠忽職務，致公司受有損害者，對公司負賠償責任。」並未規範監察人於違反股東會決議執行業務時，應負損害賠償責任之明文，但對此應同於公司法第193條、第33條、第34條之董事、經理人規定爲同一解釋，此應僅是立法疏漏，宜以明確補之。惟監察人執行股東會決議違反忠實義務及善良管理人注意義務時，仍得依公司法第8條第2項、第23條第1項規定請求損害賠償，對公司之權利保護上，也算是未有不全。

五、目前我國公司法法定列舉由股東會決議事項有：轉投資限制（公司法第13條第1項第3款）、盈餘分派或虧損之決議（公司法第184條第1項）、重大交易決策（公司法第185條）、董事及監察人之報酬決定權、選任權、解任權（公司法第196條、第198條、第199條、第227條）、董事競業禁止許可及歸入權行使權限（公司法第209條）、對董事、監察人提起訴訟之股東會決議（公司法第212條、第225條）、承認董事會造具之各項表冊（公司法第230條）、提撥特別盈餘公積（公司法第237條第2項）、決議分派股息及紅利（公司法第240條）、法定盈餘公積及特定資本公積撥充資本（公司法第241條第1

項）、變更公司章程（公司法第277條）、公司合併、分割、解散之決議（公司法第316條）、選任及解任清算人（公司法第322條、第323條）、承認清算人造具之財務報表及財產目錄（公司法第326條第1項）、承認清算人造具清算完成時之收支表、損益表及各項簿冊（公司法第331條第1項）、同意清算人將公司營業包括資產負債轉讓於他人（公司法第334條、第84條第2項但書）、檢查人之選任（公司法第173條第3項、第184條第2項、第331條第2項），閉鎖性股份有限公司變更為非閉鎖性股份有限公司（2015年7月1日增訂公布，同年9月4日施行之公司法第356條之13）、非公開發行股份有限公司變更為閉鎖性股份有限公司（2015年7月1日增訂公布，同年9月4日施行之公司法第356條之14）等。我國通說認為，屬股東會法定專屬決議事項者，董事會無決議權。

六、章程可定股東會決議事項，然公司法第202條採二分模式，且我國通說認為股東會專屬決議事項不可讓與董事會，則董事會權限決議事項是否可以章程讓與股東會來決議？此有爭議。其問題在於公司法中究竟是否有所謂的董事會專屬決議事項？如有，即為章定股東會決議事項之界限，股東會不可以章程剝奪，縱使章定而決議，該股東會決議應認內容違反強行禁止規定及公司法股份有限公司本質認屬無效；若無，就可章定為股東會決議事項。在公司法第202條明文使董事會具有業務執行的概括權限，為業務執行機關，明文列舉董事會權限事項[4]，故有見解認為，於不牴觸強制禁止規定、違反公序良俗，或有悖股份有限公司本質者，均得章定屬股東會決議事項；另有見解認為，應論有無明文列舉事項加以區隔，若明文列舉，即不容以章程剝奪之。本書認為，董事會全部權限移轉有違公司法股份有限公司機關權限分配法則，不可許之。但部分權限移轉，如為法定董事會決議事

---

[4] 有關明文列舉董事會權限事項，請參閱本系列書《公司法爭議問題研析：董事篇》問題2。

項者，鑑於公司經營所有分離原則，與專業經營需求考量，當認屬董事會決議權限界限，不得以章程移轉予股東會。其餘未明文規定者，須考量機關本身性質個案判斷，爲適當權責劃分。如該事項違反機關性質時，自應不可允許章定爲股東會決議事項[5]。

---

5 有關董事會權限是否可讓與股東會之問題，另請參閱本系列書《公司法爭議問題研析：董事篇》問題2。

問題 **94** 病態的股東會決議有效力嗎？

要點！

- 病態的股東會決議可分爲「決議不存在」、「決議無效」、「得撤銷決定」等三種效力。

- 股東會決議屬法律行爲之一類，於德日見解認爲，決議與合同行爲分屬二種不同法律行爲，然仍需按法律行爲原則及要件進行審查，有其一般成立要件、一般生效要件、特別成立要件與特別生效要件。又股東會決議須透過法定程序產生，基於正當法定程序法理，完整合法之決議程序是爲決議成立生效的前提。決議內容上也需可能、確定、適法、妥當，不得違反強制、禁止規定或公共秩序善良風俗。

- 欠缺特別成立要件者，決議不成立；惟於欠缺特別生效要件者，公司法上處理與民法不同，須視其瑕疵影響程度，來判斷效果應屬決議自始無效或使之爲有效可得撤銷。決議不成立的瑕疵態樣，我國並無明文，國內通說肯認之。無效與得撤銷瑕疵，依公司法第189條、第191條規定僅處理「召集程序瑕疵」、「決議方法瑕疵」以及「決議內容瑕疵」時之效果，其餘非屬該二條以外的瑕疵類型，應視其股份有限公司本質，個別判斷屬成立或生效要件，進而審視其影響性重要與否，來決定效果是不成立、無效或爲可得撤銷之情形。

參考條文

公司法第189條、第191條。

※相關問題：問題93、問題99，《公司法爭議問題研析：董事篇》問題2：董事會權限是否可讓與股東會？

說　明

一、股東會決議是為法律行為，然而是屬「合同行為」又或是獨立類型之「決議行為」，學說見解分歧。本文認為，在決議表決之意思表示，向同一方向之點，以及意思表示需達多數一致之點，雖酷似合同行為態樣。但，在合同行為數當事人之意思表示必須總結合為一致，各意思表示不失其獨立性，行為係止於為意思表示者之行為。而決議依多數決原則，對於為反對表決者甚至未參加股東會議者有拘束效力，依多數決所集合多數之各個意思表示，喪失獨立性，形成為各別獨立之單一全體意思。二者大相逕庭，顯為不同。亦爰採德日就「決議行為」與「合同行為」區分，從而決議行為應是獨立為一法律行為態樣，於決議形成公司內部決定意思，非屬合同行為。然而，決議行為仍需按法律行為法理為具備一般成立要件、一般生效要件、特別成立要件與特別生效要件。不具成立要件者，不能成立。惟不具生效要件者，非按法律行為法理欠缺生效要件而當然無效，有見解認為應視其所欠缺生效要件的性質及其嚴重性程度決定最後效果[6]，如其欠缺之要件有關公益或影響重大，應予無效；反之，則應使之為有效而可得撤銷。當成立與生效要件均具備時，股東會決議始成立有效。又判斷要件屬特別成立要件或特別生效要件，有見解認為，前者須視決議行為本質始可加以判定，倘為股東會決議成立不可或缺之本質要件，即屬之；而後者則須視決議行為是否有法律規定加以判斷[7]。

二、由於股東會決議需透過一段法定程序來產生，該程序始於召集，終於決議完成時，基於正當法定程序法理，經合法股東會決議程序進行後所生之決議決定，始為公司內部意思而發生效力。換言之，完整合法

---

[6] 王澤鑑，民法總則，三民書局，2014年9月增訂新版，頁537-538。
[7] 何曜琛，論股份有限公司股東會、董事會決議之瑕疵及其效力，東吳大學法律學報第14卷第2期，頁100-101。

的決議程序為股東會決議成立生效的前提，決議程序一旦生有瑕疵，即影響決議效力。故當發生程序事項瑕疵時，不宜與民法欠缺時多賦「效力未定」的效果等同視之，而應觀該程序事項之重要性，判斷是屬特別成立要件或特別生效要件，暨其效果為成立與否、生效與否或使之為可得撤銷之情形。復在要求程序正當後，股東會決議就提案表決，提案內容必須可能、確定、適法、妥當，不得違反強制、禁止規定或公共秩序善良風俗，否則該決議應屬無效。

三、由上可知，股東會決議從程序面（決議程序）到實質面（決議內容）是一個完整法律行為，於不同面相所發生的不同瑕疵，生其不同法律效果。然，首先，觀我國股東會決議瑕疵暨其效果之規定，僅有公司法第189條：「股東會之召集程序或其決議方法，違反法令或章程時，股東得自決議之日起三十日內，訴請法院撤銷其決議。」以及第191條：「股東會決議之內容，違反法令或章程者無效。」二條，決議不成立之瑕疵類型並無明文，是否承認，目前尚有爭議。蓋決議行為既屬法律行為，自當審視其成立與生效要件，均行具備時，決議始為成立生效，是此應認有「決議不成立」之瑕疵類型存在，此為學者多數見解，目前也已受實務所承認[8]。

四、再者，公司法第189條、第191條僅處理「召集程序瑕疵」、「決議方法瑕疵」以及「決議內容瑕疵」之效果，該三種以外之瑕疵如何處理，法並無提及。有見解認為，公司法將股東會決議瑕疵區分為「程序違法」以及「內容違法」而異，前者瑕疵較為輕微，且判定往往因時間經過而生困難，故本法基於確實性之要求不使之當然無效，僅由股東會於一定期間提起撤銷之訴，始歸於無效。反之，後者即實質上瑕疵，因關係重大，故本法使此種決議歸於當然無效[9]，似乎是以

---

[8] 有關就「決議不存在」與「決議不成立」之討論以及實務見解演進過程，請參閱本書問題99。

[9] 王文宇，公司法論，元照出版有現公司，2006年8月3版，頁307。

「程序違法」以及「內容違法」兩類來處理。此種分類方式，原則上可茲贊同，但有疑義者是：第一，瑕疵效果並非僅有無效及得撤銷的情況，尚有不成立的情形，則哪種違法情形屬於不成立的瑕疵？此論點並未說明。其次，此論似乎陷入了一種論理上的迷思，何以「程序違法」的態樣，就一定當然比「內容違法」的態樣來的輕微，而僅賦予得撤銷的效果？蓋倘若發生重大程序瑕疵時，是否仍僅以得撤銷處理？此論並無提及，而本書認為實為不可，當程序具有重大瑕疵足以動搖整個股東會基礎與確信時，應論「無效」或「不成立」法律效果始足當之。故僅以程序違法與內容違法之二分法來處理效果應予如何，似不甚精確。觀公司法第189條瑕疵態樣為「召集程序」及「決議方法」，雖是程序違法，但從法條文字解釋上，並無法包山包海的涵攝所有股東會決議中會發生的程序瑕疵，例如股東會開會程序一旦發生瑕疵時效力應如何？開會程序並不是「召集程序」，也不是「決議方法」的問題，則效果應如何適用？即生疑義。本書認為，公司法第189條、第191條以外之瑕疵類型如何處理，應視其股份有限公司股東會之本質，個案判斷論以為特別成立要件或特別生效要件之欠缺，來決定瑕疵效果是屬不成立或無效。又若屬特別生效要件者之欠缺，另須進一步審視該瑕疵之存在對於決議之影響性重要與否，來判斷效果應屬自始無效或為可得撤銷。

問題 95 股東如何撤銷股東會之決議？

要點！

- 股東會決議於召集程序或決議方法違反法令或章程時，決議仍為有效，賦予股東於法定期間內主張撤銷救濟。並列舉實務常見的撤銷類型。

參考條文

公司法第28條、第171條、第172條、第174條、第176條、第177條、第178條、第182條、第189條、第198條、第208條、第220條及第227條。

※相關問題：問題93、問題94。

說 明

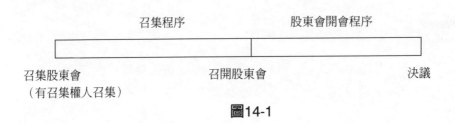

圖14-1

　　按公司法第189條規定：「股東會之召集程序或其決議方法，違反法令或章程時，股東得自決議之日起三十日內，訴請法院撤銷其決議。」股東得以其撤銷訴權，撤銷股東會決議。得撤銷之瑕疵原因有二：

一、召集程序違反法令或章程

（一）召集程序者，係指股東會由有權召集人召集之時起，至股東會召開爲止之相關程序，其涉及程序正當性，就召集程序應行事項要求，公司法有所規定，故召集程序瑕疵應屬特別生效要件欠缺，依法律行爲的法理而言，原應認屬無效。惟股東會決議效力之結果，會影響公司、股東以及對外法律行爲之相對人甚廣；雖依正當法定程序法理，程序正當性是一決議有效成立的基礎，但僅依該程序瑕疵即宣告無效，相對決議內容違法無效之情形，召集程序違法之瑕疵程度較輕，其效力與內容違法無效之效果應相異爲妥，不令此類瑕疵之股東會決議當然無效，由股東於法定期間內起訴撤銷，使其自始無效，以兼顧整體團體利益[10]。

---

[10] 之所以會認爲應依正當法定程序之法理要求決議程序正當性，是因爲在決議過程中所有程序

（二）召集程序瑕疵較常見之類型：

  1.指定召開股東會之地點不恰當，或未於股東會召集通知書上明確載明股東會地點，或以其他不當方法阻撓或妨害股東到達或進入股東會之會場[11]。

  2.未依公司法第172條爲通知或公告，或通知、公告逾法定期限，或通知、公告未載載明召集事由[12]，或以非正式形式爲開會通知[13]，或不遵公司法第28條：「公司之公告應登載於本公司所在之直轄市或縣（市）日報之顯著部分。但公開發行股票之公司，證券管理機關另有規定者，不在此限。」方式公告[14]。

  3.公司法第176條無記名股票之股東不將股票交存公司而出席[15]。

  4.未依公司法第177條規定出具委託書代理人出席[16]。

  5.違反公司法第172條第5項，不得臨時動議事項未於召集事由中列舉載明。

  6.監察人有違公司法第220條召集股東會要件而爲召集者：公司法第220條「監察人除董事會不爲召集或不能召集股東會外，得爲公司利益，於必要時，召集股東會。」認監察人爲

均適法時，決議結果才能具有有效性之正當，並保障每一位股東程序上平等，因此倘若決議程序不正當，則縱使決議內容適法，決議正當性仍受有動搖。然而，公司法對於決議程序發生瑕疵時，不同於刑事法發生程序瑕疵會出現嚴格效果的結果（例如無證據能力、不得作爲證據等），其理由在於公司經營畢竟有私法自治、公司自治的色彩存在，與國家公權力必須維持公平正義、審判公正與保護被告利益之角度有別，故縱使認爲程序瑕疵屬於特別生效要件之欠缺，但在效力上仍有斟酌使其無效或可得撤銷的緩衝空間。

[11] 臺灣高等法院102年度上字第855號民事判決、經濟部經商字57年9月9日第31763號函釋。

[12] 臺灣高等法院93年度上字第474號民事判決。

[13] 最高法院71年度台上字第1219號民事判決。

[14] 經濟部56年5月8日經商字第11724號函釋。

[15] 臺灣高等法院93年度上字第474號民事判決。

[16] 臺灣高等法院93年度上字第474號民事判決。

有召集權人，於「爲公司利益，必要時」即可發動，不以有董事會不爲召集或不能召集股東會之事由爲限[17]。惟監察人於無召集股東會之必要時召集股東會，與無召集權人召集股東會之情形有別，係該股東會之召集程序有無違反法令而是否得撤銷之問題[18]。至於究竟有無「爲公司利益之必要」，應以個案判斷[19]。

7.董事會形式上有召開股東會之決議者[20]：屬召集程序瑕疵爲我國學界多數見解，實務行採此說[21]，本書亦同。蓋因有一

---

[17] 臺灣高等法院99年度上字第488號民事判決、經濟部94年2月22日經商字第09402019810號函釋。

[18] 最高法院86年度台上字第1579號民事判例要旨。

[19] 實務多有提出「爲公司利益，必要時」的判斷方式，如臺灣高等法院99年度上字第488號民事判決：「爲積極發揮監察人功能，公司法第220條由監察人認定於爲公司利益，而有必要之情形，亦得召集股東會，不以有董事會不爲召集或不能召集股東會之事由爲限，俾積極發揮監察人功能。所謂爲公司利益，必要時，應係指公司發生重大事項，必須藉由爲公司最高意思機關之股東會決定，始符公司利益者，尚非得任由監察人憑一己主觀意思擅自行使，否則勢將影響公司正常營運狀態，殊非立法原意。本件公司監察人除於98年8月6日以存證信函催請原經營團隊召開股東會，爲原經營團隊回函拒絕外，擬行使其監察人職權查帳之際，復受不合理之阻礙，何能期待其以正常程序行使其監察人職責？其召集系爭股東臨時會，由股東決定公司未來，自堪認爲符合該條所規定之『爲公司利益，必要時』」，又如臺灣高等法院99年度上字第1166號民事判決：「公司法第220條固賦予監察人股東會召集權之要件爲爲公司利益而有必要，而與董事會不爲或不能召集股東會爲爲公司利益而有必要同爲得召集股東會之例示情形之一。惟監察人召集公司股東會，仍須符合爲公司利益，且必要之情形爲要件，否則將使公司及董事疲於應對股東會之召集，影響公司正常之營運。換言之，該條『爲公司利益，而有必要』，應採目的限縮，亦即監察人固有其監督之權，惟應否該召開股東臨時會，除法條列舉董事應召開而不召開之情形外，端視監察人可否透過正常程序，在董監事會議或股東會發聲表達意見，本於監督人之角色，針對公司不合宜之事項予以指證，或可透過之正常程序，在不影響公司之利益情況下，解決其發現之問題。」惟臺灣高等法院臺南分院100年度上字第182號民事判決謂以：「公司之監察人若爲公司利益，於必要之時，有權召開股東臨時會。所謂『爲公司利益，而有必要』之情形，公司法第220條立法理由已明示『由監察人認定』，則法院雖非不得於受理此類訴訟時，依召集當時之客觀情形加以審視，但不應過度干涉，如非明顯違法，即應適度加以尊重。」之見解較可贊同。

[20] 此類應包含董事會決議具瑕疵無效以及董事會決議不存在兩種情形。

[21] 最高法院96年度台上字第2833號民事判決。

個作出召集股東會的董事會決議於形式上客觀存在，且董事會內部決議情形並非股東可輕易知悉，則股東在收受開會通知時，觀通知上記載此次股東會爲公司董事會所召開，即對該股東會是由有召集權人依公司法第171條合法召集的情形具有外觀信賴，復依據該信賴集結召開股東會爲合法決議，於此應保護股東之信賴所作出的決議，認該次[22]股東會決議屬有效而可得撤銷之[23]。

8. 以公司名義爲召開股東會通知者：董事會屬公司法定、必備、常設機關之一，而機關爲存在於公司內部爲公司組織之一部，故以公司組織全部名義爲公告，而非以董事會名義公告，其餘召集程序又均合法，尚不得僅以此即謂依該公告所召集之股東常會決議有得撤銷之原因[24]。換言之，在確經董事會爲召開股東會決議，後以公司名義召集股東會，其股東會決議完全有效，認公司名義所爲之行爲可涵蓋董事會之行爲。惟若未經董事會爲召集決議，而逕以公司名義召集股東會爲通知公告，由於通知記載股東會爲公司所召開，即股東對於該記載有外觀信賴集結召開股東會，此時應保護股東信賴所作之決議，認該次股東會決議屬有效可得撤銷情形，即同前「董事會形式上有召開股東會之決議者」處理。

9. 董事長未經董事會決議而逕行以自己名義召集股東會：此係

---

[22] 雖股東會決議係逐項別表決，而可各別認定議案決議效力，但由於此種瑕疵所召開的股東會召開，是基於無效董事會召集決議，故該次股東會所作出的所有決議效力，均屬有效可得撤銷情形。

[23] 其另有「有效說」與「不成立說」二見解。惟本文認爲，既是董事會決議確定具瑕疵無效，如同白紙上有一黑漬，此時論股東會決議爲完全效力而使股東無救濟空間實爲不宜。又公司法第171條明文董事會爲股東會召集權人，雖董事會決議具瑕疵無效，然其外觀信賴已使股東產生信任該次股東會屬有召集權人召集，此與無召集權人召開股東會情形相異，不可等同觀之。

[24] 最高法院71年度台上字第5299號、73年度台再字第98號等民事判決。

多數見解,實務亦同[25],理由在於公司董事長代表公司秉承
董事會之決議,通知召集股東,所發開會通知雖未記載由董
事會名義召集,與單純無召集權之人擅自召集之情形有別,
尚不得指其召集程序爲違法,據爲撤銷決議之原因[26],而認
該決議成立生效。核公司法第208條第3項規定,股份有限公
司之董事長對內爲股東會、董事會及常務董事會主席,對外
代表公司。雖股份有限公司董事會係定期舉行以處理公司業
務之執行,惟其內部如何授權董事長執行公司之業務、董事
長行爲有無經董事會決議及其決議有無瑕疵等,均非董事會
以外之人可從外觀即知。故考量保障公司召開股東會之效益
經濟,以及股東信賴董事長爲執行董事會決議之人,於僅以
董事長名義寄發開會通知者,若已經董事會決議者,股東會
決議成立有效;未經董事會決議者,則決議可得撤銷。惟
有疑義者是,按公司法第171條明文股東會「由董事會召集
之」,顯見董事長並非有權召集人,實務亦爲承認[27],若僅
以寄送通知外觀可見董事長以自己名義發開會通知者,股東
實可分辨其爲無召集權人。蓋股東會通知之性質係屬觀念通
知之準法律行爲[28],董事會爲股份有限公司法定、常設、必
備的業務執行機關,採集體執行制,以董事長爲公司對外法
定代表機關,對內爲機關主席,其餘各別董事原則上就公司
無代表權限[29],故而董事長對於董事會而言,對外、對內的
角色上,對外爲公司代表權人,對內並無如同對外關係一樣
明文有代表權限,因此對內應僅董事會之「使者」,爲董事

---

[25] 臺灣高等法院臺中分院99年度上字第11號民事判決。
[26] 最高法院79年度台上字第1302號民事判例。
[27] 臺灣高等法院臺中分院99年度上字第11號民事判決。
[28] 臺灣南投地方法院97年度訴字第300號民事判決。
[29] 王文宇,公司法論,元照出版有限公司,2006年8月3版,頁312。

會傳達「決議意思」。故對使者來說，雖然其延伸傳達董事會的法律行為意思或準法律行為意思，但對於使者「本身」而言，所為的傳達行為是屬「事實行為」。也因此，董事長為董事會使者，不具代表權，故而無表見代表法理適用，實與第三人對董事長為公司業務執行行為之行為信賴有所不同，兩者是否得同一以論，似有疑義。又實務見解認為公司名義行為可認涵蓋董事會行為，然而董事會與董事長之間的關係，實與公司與董事會間之關係不同，二者應不得相同而語。是此本書認為，由董事長召集股東會所為決議之情形，應屬無權代表行為，等同「無召集權人召集股東會所為決議」者同。惟目前實務仍採得撤銷說，日後見解是否變更，有待吾人觀查。

二、決議方法違反法令或章程

（一）股東會決議，指股東於召集指定時間、地點召開股東會議，在該次會議中，就董事會提出之各項議案，逐一分別討論表決，作成決議。也因此，決議方法之瑕疵必是在股東會召開時、程序中所發生，故基於正當法定程序法理，並兼顧整體團體利益，就其瑕疵之發生效果不為當然無效，而讓股東於法定期間內起訴撤銷救濟。由於股東會決議是由股東透過會議體表決的方式進行，按不同事項，依公司法第174條規定以「普通決議」、「特別決議」或「累積投票制」[30]的多數決為之，並其決議結果對不同意見股東發生拘束力。從決議結果的特點可知，決議行為實有一個重要的上位原則，是股東會

---

[30] 即公司法第198條、第227條準用第198條之董事、監察人選任方式。

決議不可或缺之本質上必備條件，即「多數決原則」[31]，於股東會決議違反此上位原則時，瑕疵已非可認屬公司法第189條單純決議方法瑕疵得為撤銷。

（二）決議方法瑕疵較常見之類型：

1. 股東會會議主席非由公司法第182條之1明定之法定主席擔任[32]。

2. 公司法第178條特別利害關係股東未為迴避而為表決或代理他股東行使其表決權[33]。

3. 公司法第176條無記名股票股東不將股票交存公司，仍出席並加入表決[34]。

4. 違反公司法第177條准許未提出委託書之代理人參與表決[35]，或公開發行公司委託書徵求違反法規者[36]。

5. 違反公司法第172條第5項不得臨時動議事項於臨時動議時提出決議。

依公司法第172條第5項規定，不得臨時動議事項應在召集事由中列舉，如未列舉載明，屬前說明之召集程序瑕疵。嗣後不得臨時動議事項若經股東會臨時動議提出並表決，另屬決議方法違反法令，即不得臨時動議事項於股東會臨時動

---

[31] 有關違反「多數決原則」之股東會決議屬不成立之討論，請參閱本書問題99。

[32] 最高法院76年度台上字第957號民事判決。

[33] 臺灣高等法院93年度上字第474號民事判決。

[34] 臺灣高等法院93年度上字第474號民事判決。

[35] 臺灣高等法院93年度上字第474號民事判決。補充說明者是，臺灣高等法院93年度上字第474號民事判決將違反公司法第176條、第177條區分為召集程序瑕疵與決議方法瑕疵之二者不同在於，違反公司法第176條、第177條而「出席」者，屬召集程序瑕疵；出席後進而「表決」者，屬決議程序瑕疵。但本文認為，決議過程必然是先出席才後表決，故違反公司法第176條、第177條而為「表決」者，實應同時構成兩種瑕疵，而不論主張何者，均得撤銷，結果相同。

[36] 有關公開發行公司徵求委託書尚有「公開發行公司出席股東會使用委託書規則」規範。

議提出決議完成者，同時會構成召集程序與決議方法兩種瑕疵，要不論是主張哪一個瑕疵，結果一樣均得撤銷[37]。並此可知，不得臨時動議事項以臨時動議表決而認有效可得撤銷者，前提是必須臨時動議時以該事項之決議方法（即特別決議、普通決議或累積投票制）進行表決；倘不遵行其法定決議方法，當構成「決議不成立」瑕疵[38]，此時已非可論其決議有效而係可得撤銷。

6. 非股東亦非股東代理人參與表決[39]，或阻撓、拒卻、漠視股東或其代理人參與決議[40]。

7. 違反表決權行使同一性。股東持有數股份在股東會行使表決權時，不可分裂其股數為不同表示，違反應認決議得撤銷[41]。

8. 將表決權不能計算之委託書予以計算[42]。

9. 採「鼓掌通過」或「反表決」方式作成之股東會決議？
實務上常見以「鼓掌通過」或「反表決」方式作成股東會決議，惟該表決方式是否合法，一直以來，皆有爭議。否定說認為，如此無法詳實計算候選人各自所得票數，且鼓掌通過無從瞭解贊成與反對表決股份數，違反股東會多數決設計精神，應認有公司法第189條決議方法違反而得撤銷[43]。而肯

---

[37] 最高法院98年台上字第825號民事判決。

[38] 就須經特別決議事項以普通決議或假決議表決之瑕疵認屬決議不成立者，請參閱本書問題99。

[39] 臺灣高等法院93年度上字第474號、最高法院80年度台上字第1050號等民事判決。

[40] 最高法院93年度台上字第417號民事判決。

[41] 違反表決權行使同一性之見解，有「統一說」與「非統一說」，多數採「統一說」，最高法院98年度台上字第1695號民事判決。

[42] 最高法院93年度台上字第423號民事裁定。

[43] 林國全，股東會決議成立要件之研究，賴英照大法官六秩華誕祝賀論文集，現代公司法制之新課題，元照出版社，2005年版，頁255；戴銘昇，股東會決議要件相關問題之研究，華岡法

定說認為，倘若該等決議方式詢問在場出席股東意見無異議時，可以此方式為之，如此決議方法既未剝奪股東之權利，亦無妨礙公司權益，更無難以計算贊成與反對之表決權數之疑慮，應認屬合法之表決方式[44]。另有折衷說認為，反表決及鼓掌表決等決議方式，原則上並不足採，特別在公開發行公司股東人數眾多的情況下，採該二種決議方式，無疑顛覆股東會多數決之議事功能；但若在股東人數較少之小型公司，如可舉證議案表決權悉數達法定門檻，此時衡諸股東會開會之經濟效益，似無有推翻其決議效力之必要，例外應認其有效存在。故此，以該等決議方式進行之股東會決議，應視情況做實質上認定，不宜一概而論[45]。

本文認為，一般會議體決議如何進行表決，其表決方法並無明文，因此投票、舉手、起立鼓掌、呼聲等方法均被普及採用，為會議體一般原則均認有效。但其中最負爭議的是鼓掌、呼聲的方式，以呼聲大小、拍手冷熱為判斷基準，的確難以客觀化。惟採行此種方法原本就是捨棄計數遊戲規則，以壓倒性的聲勢、熱潮做為通過的判斷，雖不精準，然以遠遠超過半數的氣勢進行判斷，往往不失其準確度。因此一般會議體採用這種方式，歷久不衰，幾乎成為習慣。但，倘若是決議表決權型態採人頭計算之會議體，此種方法確有合理性、有效性，吾等不予否認。但股份有限公司股東會決議能否適用，實有疑慮，蓋股份有限公司股東會之表決不以人頭計算，而是以股份數計算，股份表決權不會拍手、呼聲，無法以任何動作來彰顯表決權股份數量，以股東的動作視為股

粹，2006年，第35期，頁290。最高法院91年度台上字第2496號民事判決採此見解。

[44] 最高法院72年度台上字第808號、104年度台上字第1454號等民事判決採此見解。

[45] 王文宇，公司法論，元照出版有限公司，2006年8月3版，頁302。

份的作為，確有問題。因此理論上股份有限公司股東會表決
方法，鼓掌、舉手、成立等動作方式均無法成立，留下唯可
行方法「投票」而已。從而，以鼓掌通過之投票方法，除有
違多數決原則以外，更違反正當法定程序原則下公司法所規
定要求之「以出席股東表決權達定額多數之同意」之要件，
在鼓掌通過的方式根本無法認定表決權數可達定額多數，形
同未予表決，而為表決方式屬重大程序違反，欠缺特別生效
要件，決議不生效力之，故應就以其通過之決議為確認決議
無效之訴解消。但實務目前仍採「得撤銷說」，未來見解是
否有所變更，值得吾人觀察。

反表決與鼓掌表決不同是，反表決有一個可確認的表決權數
額，僅是為「反向表決」。公司法對於股東會表決方式固
未加以限制，惟在原則公司法第174條：「股東會之決議，
除本法另有規定外，應有代表已發行股份總數過半數股東
之出席，以出席股東表決權過半數之同意行之。」規定下，
是為「同意行之」，顯見必須是積極表示同意決議通過。反
表決方式，因未表示反對意見之股東，未必即為贊成議案之
股東，且若股東會開會期間股東中途離席或棄權，均會影響
「贊成」表決權數計算，因此「反表決」似無不違背股東每
股有一表決權之原則，有規避法定門檻之嫌。最高法院對反
表決有提出質疑，但並未明確闡釋[46]，本書認為，此屬公司
法決議方法瑕疵，應認可按公司法第189條訴請撤銷，與鼓
掌表決處理方式不同。

（三）召集程序與決議方法瑕疵的類型，實務琳瑯滿目，本書於此僅
　　　列舉較常見類型，待日後觀察實務見解演進再研究補充。

---

[46]最高法院92年度台上字第595號民事判決。

問題 **96** 實務上提起撤銷股東會決議之訴訟如何進行？

要點！

* 就撤銷股東會決議之民事訴訟法實務上，訴訟程序與起訴要件之要求，以及判決定讞後之效力。另為保全公司及股東權益，可於起訴前後，聲請定暫時狀態處分禁止股東會決議執行。

參考條文

公司法第189條、第189條之1及第190條；民法第56條、第114條及第998條；民事訴訟法第538條。

※相關問題：問題95。

說　明

一、公司法第189條：「股東會之召集程序或其決議方法，違反法令或章程時，股東得自決議之日起三十日內，訴請法院撤銷其決議。」該規定屬撤銷訴權，於股東會決議有召集程序或決議方法瑕疵時，由適格股東於自決議之日起三十日內訴請法院撤銷其決議，逾該除斥期間者，該決議即確定有效[47]。經適格股東提起撤銷股東會決議之訴後至該訴定讞前，決議尚屬有效，嗣撤銷判決確定時，該訴訟已使有效決議發生喪失效力的結果，溯及於決議時當然無效，屬形成之訴[48]。

二、撤銷股東會決議之訴之適格當事人，原告方當為撤銷訴權主體「股東」。由法條文字「股東得……訴請法院撤銷其決議」可知，在起訴時原告需具有股東身分，始當事人適格[49]，且該起訴股東，需於股東會決議時具有股東身分。於股東會召開時，已出席股東會之股東，應對於決議之召集程序或決議方法瑕疵當場表示異議，始依民法第56條第1項但書取得撤銷訴權而按公司法第189條訴請撤銷。然未出席股東會之股東，則因非可期待其事先預知股東會決議有違反章程或法令之情事而予以容許，亦無法當場表示異議，自應許其於公司法第189條法定期間內提起撤銷股東會決議之，不因未出席當場異議而喪失撤銷訴權[50]。又於該股東會決議時，雖尚未具有股東資格，然若其前手即出讓股份之股東，於股東會決議時具有股東資格，且已依民法第56條

---

[47] 最高法院96年度台上字第362號民事裁定。
[48] 最高法院73年度台上字第2463號、76年度台上字第106號等民事判決。
[49] 最高法院57年度台上字第3381號民事判例。臺灣高等法院78年7月15日（78）廳民一字第778號民事法律問題座談、最高法院75年度台上字第594號民事判例、最高法院84年度台上字第1215號、86年度台上字第3604號等民事判決。
[50] 雖另有見解認為，公司法屬民商特別法，不適用民法第56條第1項但書異議規定；且由公司法第189條文字設計即可知該條並沒有要移植民法第56條第1項但書異議制度，從而縱出席股東會之股東未當場表示異議，仍具撤銷訴權。惟此說乃我國少數說，學說與實務通說見解仍採出席股東需異議說，於此補充。

第1項但書規定取得撤銷訴權時，其訴權應不因股份之轉讓而消滅，得由繼受人即起訴時之股東行使撤銷訴權而提起撤銷股東會決議之訴。至於決議後原始取得新股之股東（即非因繼受取得股份者），於決議時既尚非股東，不具撤銷訴權，不得提起該訴訟，自不待言[51]。另撤銷股東會決議之訴應以股東會所屬之公司為被告，其當事人適格始無欠缺[52]。

三、公司法第189條股東撤銷股東會決議之訴，並無持股股數限制，無論持股多少，均得訴請。股東與股東間的撤銷訴權，不會相互影響，撤銷股東會決議訴訟之訴訟標的為各股東之形成權，此項形成權在各股東間係獨立存在，故法院對於各股東得否行使撤銷股東會決議之形成權，應各別觀察其是否具備撤銷股東會決議之要件。撤銷股東會決議之訴為類似必要共同訴訟，各股東之形成權並非必須共同行使。多數股東縱為共同原告一起起訴，然為訴訟標的之形成權是否存在，屬各股東個人關係之原因，仍需就各股東是否各自完全取得完整之形成訴權為調查，不以其中一股東已取得撤銷訴權，即認共同原告之其他股東所行使之撤銷權亦屬存在[53]。

四、股東就股東會中董事會提出之各項議案，逐一分別討論表決，作成決議。則股東以召集程序或決議方法違反法令或章程為由訴請撤銷股東會決議時，撤銷標的是該次股東會全部決議或各別決議？有見解認為，召集程序係為召開股東會而存在的準備過程，倘若發生瑕疵，恐影響整個股東會的召開；決議方法是股東會當天才會發生，故瑕疵影響應為各別表決事項[54]。然本書認為，仍應就具體各案認定，例如已

---

[51] 最高法院72年度第9次民事庭會議決議（二）要旨、最高法院73年度台上字第595號民事判例。

[52] 最高法院68年度台上字第603號民事判例。

[53] 最高法院83年度台上字第2840號民事判決。

[54] 經濟部90年6月11日經商字第09002118540號函釋，然此函釋僅針對決議方法瑕疵，就各案發生瑕疵之決議事項各別訴請撤銷，似同見解。

寄發通知，但上面未載明不得臨時動議事項，後於臨時動議時提出表決，此種決議為召集程序與決議方法違反法令或章程之瑕疵，仍應僅得就該不得臨時動議事項之決議訴請撤銷，不影響通知載明之其他提案決議效力。故僅以召集程序瑕疵或決議方法瑕疵區分是否可為全部或各別決議的撤銷，此種分類方法稍嫌武斷。又有瑕疵可得撤銷之股東會決議，若該決議已經股東會另以相同之決議合法予以追認時，股東即不能再以前決議之召集程序或決議方法違反法令或章程為由訴請撤銷，否則應認欠缺權利保護要件而予駁回[55]。

五、撤銷股東會決議之訴之法院駁回裁量權，在我國參酌日本商法後於2001年增訂第189條之1：「法院對於前條撤銷決議之訴，認為其違反之事實非屬重大且於決議無影響者，得駁回其請求。」使法院受理撤銷決議之訴時，如發現股東會召集程序或決議方法違反法令或章程之事實，非屬重大且於決議無影響者，法院得駁回其請求，以兼顧大多數股東之權益[56]。

六、撤銷股東會決議之訴判決定讞後之效力，因原告勝敗訴而有所不同。最高法院認為，於原告敗訴判決，僅生確認判決效力，確認撤銷訴權形成力不發生，不影響決議效力；若原告獲得勝訴，則為形成判決，發生對世性，股東會決議失效之形成力，對股東以外之第三人皆有效力[57]，即為一種「勝及敗不及」的情形。然因公司法第189條有三十日除斥期間規定，待等前撤銷訴訟原告敗訴定讞終結時，後撤銷訴訟提起必然超過除斥期間三十日，決議效力早已確定有效，是此討論股東會決議撤銷訴訟的既判力主觀效力範圍，其實並無實益，反似應思考是否著重加強撤銷決議訴訟之告知訴訟參加程序，以保障股東程序

---

[55] 最高法院92年度台上字第1043號民事判決。

[56] 即公司法第189條之1增訂理由。

[57] 最高法院31年9月22日決議（四）要旨。

利益[58]。

七、實務認爲公司法無如民法第998條規定結婚撤銷不溯及既往，故應回歸撤銷原則民法第114條第1項，股東會決議經判決撤銷者，自判決確定時起，溯及於決議時成爲無效[59]。決議事項已登記者，主管機關經法院通知或利害關係人之申請，應依公司法第190條規定撤銷其登記。惟於撤銷訴訟定讞前，公司業務仍再運作，而爰訟爭之決議進行相關行爲，則該等行爲是否均因股東會決議受判決撤銷，而均歸無效？應視股東會決議是否爲公司行爲法定要件之一環，不能一概而論。如董監報酬之決定、會計表冊之承認及盈餘分派之決定等，該等決議即發生一定效果，其履行亦不影響第三人權益，且須溯及否定決議效力，始能達到撤銷決議之目的，故決議判決撤銷，其行爲溯及無效。公司行爲爰股東會決議執行，但不以股東會決議爲成立或生效要件者，如股東會決議選任經理人等，此時決議雖因撤銷溯及無效，但其行爲效力不因而受影響。又若以股東會決議爲公司行爲之成立或生效要件，如合併、分割、第185條讓與重大資產等，其履行與行爲相對人權益有關，爲維護交易安全，應依公司對代表董事代表權所加限制不得對抗善意第三人法理，以保護公司行爲相對人。又若決議內容係爲董事選任而受判決撤銷，該董事在決議撤銷前所爲行爲，應依表見代理之法理，保護行爲相對人[60]。惟本書認爲，前揭問題均係在於通說就撤銷決議訴訟定讞後採溯及失效說所致，蓋股東會決議通過後，效力實立即發生，縱使有瑕疵決議亦然，公司即必須遵循決議行事，依此法律關係於爰逐漸展開，日益繁生擴大，一旦因瑕疵決議被撤銷，效力溯及既往從決議時起無效，則已形成的法律關係均得回復原狀，如此重疊關聯複雜的既存法律關係，一概否認，加以清算復

---

[58] 臺灣高等法院96年度上字第736號民事判決。

[59] 司法院64年1月16日（64）函民字第00443號函釋。

[60] 柯芳枝，公司法論（上），三民書局，2014年9版，頁253。

原，茲事體大之外，無法復原事態甚多，更嚴重者是損害交易安全。
鑑此，日本会社法明文規定組織行為（如合併、新股發行等）之撤銷
效力一概不溯及既往，以杜絕這些困難問題發生。但卻偏偏遺漏股東
會決議撤銷行為，致使決議撤銷效力溯及既往，一直備受日本學說酷
評。我國公司法沒有明文規定，通說均解釋為溯及既往效力，實有修
正必要，無論以解釋方法或立法規定方法均可，應加以改正為不溯及
既往為宜。

八、撤銷決議訴訟繫屬，並不停止公司爰該具瑕疵之股東會決議進行行
　　為，則縱使股東會決議嗣後經判決撤銷，如前揭討論，該瑕疵決議在
　　判決確定前仍有繼續落實致行為有效的可能，因此，起訴之原告股東
　　可考慮藉民事訴訟法第538條保全程序，於撤銷股東會決議訴訟之爭
　　執法律關係當中，為防止發生重大之損害或避免急迫之危險或有其他
　　相類似之情形而有必要時，釋明請求原因，以供擔保方式，聲請法院
　　為定暫時狀態處分，禁止公司執行該瑕疵決議，以阻卻瑕疵決議繼續
　　實行侵害公司及股東權益[61]。

---

[61] 臺灣板橋地方法院101年度全字第170號民事裁定准予禁止執行決議，惟嗣後該裁定經臺灣高
等法院民事裁定101年度抗字第1231號民事裁定廢棄駁回定暫時狀態假處分聲請。另臺灣板橋
地方法院98年度全字第3454號民事裁定之抗告審臺灣高等法院民事裁定99年度抗更（一）字
第19號民事裁定部分廢棄原裁定，准予禁止執行股東會決議。

問題 97 實務上常見哪些股東會決議內容無效之類型？

要點！

• 股東會決議之內容，於違反法令或章程時，無效，得以民事確認股東會決議無效之訴主張救濟。並列舉實務常見無效類型。

參考條文

公司法第13條、第16條、第157條、第163條、第164條、第167條、第179條、第189條、第191條、第196條、第209條、第232條及第356條之7；民法第71條及第72條。

※相關問題：問題93、問題94、問題98。

說　明

一、公司法第191條：「股東會決議之內容，違反法令或章程者無效。」
屬民法第71條違背強行禁止規定者無效的擴張，併基於尊重公司自
治，擴大無效範圍於決議內容違反章程者亦無效，惟前提章程條款不
得違反民法第71條、第72條規定，故本條所謂之「法令」指違反強制
規定及禁止規定，包括法律、主管機關頒布之行政命令等。其「無
效」為當然、自始、確定之無效，無待判決確定，即生對世效力。然
若就其有無效爭執時，得透過民事訴訟程序以提起確認股東會決議無
效之訴處理。

二、決議內容違反法令或章程無效較常見之類型：

　　（一）違反民法第71條、第72條強制禁止規定或公序良俗者[62]。

　　（二）決議內容違反股東平等原則、股東有限責任原則、股份轉讓自
由原則或侵害股東固有權[63]。

　　（三）違反公司第13條轉投資、第16條保證規定。

　　（四）違反公司法第163條第1項股份自由轉讓原則。

　　（五）記名股票得不依公司法第164條轉讓[64]。

　　（六）非公司法第167條第1項但書規定而為股份收回、收買或收為質
物，或為無息返還股東出資者[65]。

　　（七）非屬例外情形[66]而違反公司法第179條表決權平等原則。

　　（八）違反公司法第196條規定，將董監報酬額決議交由董事會決

---

[62] 最高法院70年度台上字第1862號民事判決。

[63] 最高法院103年度台上字第620號民事判決。

[64] 臺灣高等法院臺南分院102年度上更（一）字第12號民事判決。

[65] 最高法院72年度台上字第113號民事判決。

[66] 特別股股東行使表決權限制與無表決權特別股（公司法第157條第3款）、公司適法取得自己
股份之無表決權（公司法第179條第2項第1款）、相互投資公司行使表決權之限制（公司法第
179條第2項第2、3款）、閉鎖型股份有限公司之複數表決權特別股及特定事項否定權特別股
（公司法第356條之77第3款，2015年7月1日公布，施行日期由行政院定之）。

　　定[67]。

（九）違反公司法第189條規定決議董監缺額採候補遞補制[68]。

（十）概括決議解除公司法第209條董事競業禁止義務。

（十一）非當營業年度爲分派盈餘決議[69]。

（十二）違反公司法第232條盈餘分派原則，未先行彌補虧損及提列
　　　　法定盈餘公積即決議分派盈餘[70]。

（十三）違反章定資本額限制者[71]。

（十四）決議不行使對公司內部人之短線交易獲利歸入權[72]。

（十五）表決未達法定決議同意數之決議[73]。

（十六）無召集權人召集股東會所作成之決議？

　　　　股東會開會必須先有召集權人將股東會進行召集程序後，股
　　　　東會始爲召開。若由無召集權人召集股東召開股東會，股東
　　　　會召開即不合法，其後所爲之決議合法性即受動搖。由此可
　　　　知，合法召集爲股東會決議合法成立生效之碁磐，「有召集
　　　　權人」要件究竟屬特別成立要件或特別生效要件定位，即屬
　　　　重要，此爭議於實務及學界各自有所爭執。目前實務多數說
　　　　仍認爲由無召集權人召集股東會所作決議屬當然無效，似採
　　　　特別生效要件說，理由係以最高法院22年上字第1911號民事
　　　　判例要旨謂：「無召集權人召集之股東會所爲之決議，固屬
　　　　當然無效，不適用公司法第137條之規定，但有召集權人召

---

[67] 最高法院98年度台上字第935號民事判決。

[68] 經濟部79年2月3日經商字第214640號函釋。

[69] 最高法院90年度台上字第1934號民事判決。

[70] 最高法院70年度台上字第1862號民事判決、經濟部90年10月30日經商字第09000248070號函
釋。

[71] 最高法院88年度台上字第2863號民事判決。

[72] 法務部80年7月13日法律字第10430號函釋。

[73] 股東會決議之「多數決原則」的「出席過半數」與「表決過半數」之相關討論，請參見問題
93、問題98。

集時，經無召集權人參與者，不得謂其決議當然無效。」日後亦有判決採之[74]。為學者通說以及實務少數見解[75]認為應採特別成立要件說，本書亦同，蓋「合法召集」屬股東會決議不可或缺的本質上必備要件，股東會開會必須先由有召集權人將股東進行召集程序後，股東會始為召開。若由無召集權人召集股東召開股東會，股東會召開即不合法，其後所為之決議合法性即受動搖，由此可知，股東會決議合法成立生效之碁磐，始於有召集權人之召集，故有召集權人召集股東會應屬股東會決議特別成立要件。然目前實務仍採無效說，日後見解是否變更，尚待觀查。

三、決議內容違反法令或章程之瑕疵類型，實務琳瑯滿目，本書於此僅列舉較常見類型，待日後觀察實務見解演進再研究補充。

---

[74] 最高法院70年度台上字第2235號、82年度台上字第1826號等民事判決。
[75] 最高法院82年度台再字第3號民事判決。

問題 *98* 實務上提起股東會決議無效之訴訟如何進行？

要點！

- 就確認股東會決議無效之民事訴訟法實務上，訴訟程序與起訴要件之要求，以及判決定讞後之效力。

參考條文

公司法第189條及第191條；民事訴訟第247條及第538條。

※相關問題：問題94～98。

說　明

一、公司法第191條決議瑕疵無效屬對世效力，為當然、自始、確定之無效，無待判決確定，任何人、任何時間，均得以任何方式主張決議無效。惟就該項決議是否無效發生爭執時，可依民事訴訟第247條提起確認之訴。

二、實務常見由董事、監察人、股東或第三人提起確認股東會決議無效訴訟，雖實體法上公司法第191條瑕疵之決議無效對第三人均生當然、自始、確定的無效效力，然而在提起確認訴訟時，並非任意第三人均得提起。按民事訴訟法第247條第1項、第2項規定：「確認法律關係之訴，非原告有即受確認判決之法律上利益者，不得提起之；確認證書真偽或為法律關係基礎事實存否之訴，亦同。前項確認法律關係基礎事實存否之訴，以原告不能提起他訴訟者為限。」確認股東會決議無效訴訟以確認法律關係基礎事實存否[76]為確認之訴之客體，依民事訴訟法第247條第2項規定，限以原告不能提起他訴訟之消極要件該當，始認具有訴之利益存在[77]，並以此判斷原告是否為確認股東會決議無效訴訟之當事人適格。又該訴之利益依民事訴訟法第247條第1項規定，須為「法律上利益」，由於確認之訴是在處理當法律關係基礎事實存否不明確，致原告在私法上地位有受侵害之危險，而此項不安之狀態得以對於被告之確認判決除去之，且不能提起他訴訟者時，允許原告得以提起確認之訴除去該不安狀態[78]，因此該法律關係基礎事實存否不明確必須是直接致原告處於不安狀態，倘若僅是間接或僅屬

---

[76] 實務認為，股東會決議是形成公司內部意思，無法直接對外發生一定法律關係，尚需透過業務執行機關董事會執行決議意思後以公司名義對外與第三人發生一定法律關係，故股東會決議並非「法律關係」，而為「法律關係基礎事實」。可參臺灣桃園地方法院97年度訴字第1182號民事判決。

[77] 最高法院102年度台上字第590號民事判決。

[78] 最高法院103年度台上字第1383號民事判決。

反射效果，或根本屬於事實上利益時，應認欠缺可訴請之爭訟性為原告當事人不適格[79]。另確認股東會決議無效訴訟之適格被告為公司。

三、確認股東會無效訴訟判決定讞後，確定判決效力會因原告勝敗有所不同。原告勝訴確定時，即確認該股東會決議當然、自始、確定無效之對世效力，與撤銷股東會決議形成判決確定時是溯及無效不同。惟原告敗訴確定時，因確認判決既判力僅發生在原告與公司之間，雖原告不得再以同一無效理由起訴確認股東會決議無效，但該確認判決敗訴既判力理應不及於原告以外之人，原告以外之人似乎仍可以同一無效理由提起確認無效訴訟。且有別於公司法第189條規定三十日期間以及限定原告僅得是公司股東的限制，股東會決議有效與否會陷入不定期不確定狀態，任何人、任何時間均可能訴請確認股東會無效訴訟。就這兩點問題，本書認為，確認之訴僅得確認現在之法律關係基礎事實，不得確認過去之法律關係基礎事實[80]，故若非於決議後之會計年度終了前提起確認訴訟，該股東會決議即屬過去之法律關係基礎事實而不得訴請確認。又實務見解認為，類似必要共同訴訟的認定應從寬解釋，只要當事人主張之法律關係，就共同訴訟人間在實體法上必須合一確定，而不能為歧異判決者，即應歸屬類似必要共同訴訟之範疇[81]。雖確認股東會決議無效訴訟論理上已經限縮必須具備確認利益之人始得提起，但適格原告的範圍仍然無法具體特定，為求公司業務執行安定，避免適格原告怠於行使權利，應回歸民事訴訟法一般原則，認對確認股東會決議無效訴訟具有訴訟利益之適格原告間為類似必要共同訴訟，就同一無效原因其一適格原告敗訴時，確認判決既判力效力擴張，其他適格原告不得以同一無效原因再行提訴。另確認決

[79] 廖大穎，關係企業結構下股東提訴確認他公司股東會決議之不存在——臺灣高等法院98年上字第149號民事判決，月旦裁判時報，2010年6月，頁62-68。
[80] 最高法院103年度台上字第1923號民事判決。
[81] 最高法院82年度第2次民事庭會議（二）要旨。

　　議無效判決讞前之權益保護，可以民事訴訟法第538條定暫時狀態處分保全，同於撤銷訴訟處理，於此不再贅述[82]。

---

[82] 就聲請定暫時狀態處分討論，請參見問題96、八。

問題 99　股東會決議不存在與決議不成立相同嗎？實務常見有哪些類型？

要點！

- 股東會決議於實務肯認有不成立類型，得以民事確認股東會決議不成立訴訟主張救濟。並列舉實務常見決議不成立類型。

參考條文

　　公司法第174條、第175條、第191條、第198條及第227條，民事訴訟法第247條。

※相關問題：問題93。

說　明

一、股東會決議不成立者，係指自決議之成立過程以觀，其顯然違反法令，而在法律上不能認為有股東會或其決議存在之情形者[83]，換言之，於股東會或股東會決議欠缺成立要件時，為不成立之。股東會決議「不存在」與「不成立」二者是否屬同一種瑕疵類型，見解不一，看起來似應區別。決議不成立者，外觀上仍有一個形式股東會開會程序，由於欠缺股東會決議成立要件而認屬股東會決議不成立之。決議不存在者，則為外觀上不存有一個形式開會程序，股東會暨其決議自始不存在，例如無召開股東會為決議之事實，卻虛造開會事實以及股東會決議議事錄等是。區分實益在於，必須先有符合成立要件之股東會決議存在，始有探究股東會決議是否有無效或得撤銷事由之必要，倘若股東會決議根本不存在，即無須討論股東會決議是否有無效或得撤銷[84]。是此，二種瑕疵型態雖效果相同，但內涵上仍有所相異，實須分辨。但附帶說明是，「不成立」與「不存在」兩種類型區分，係因我國實務上常可見此兩種不同用語用法，為此分別，本書認為此可能係因日本法規用語之誤植，實質意義上，二者實應為同一概念[85]。

二、我國公司法目前採「二分法」，僅明文股東會決議無效與得撤銷兩種瑕疵，法無明定「決議不成立」類型，學者多採肯認該瑕疵類型存在，本書同之，觀實務見解也是採此態度。最高法院103年度台上字第1644號民事判決認為：「按股東會之決議，乃多數股東基於平行與

---

[83] 王文宇，公司法論，元照出版有限公司，2006年8月3版，頁307。

[84] 最高法院92年度台上字第1174號民事判決。

[85] 日本会社法第830条（株主総会等の決議の不存在又は無効の確認の訴え）：「Ⅰ株主総会若しくは種類株主総会又は創立総会若しくは種類創立総会（以下この節及び第九百三十七条第一項第一号トにおいて「株主総会等」という。）の決議については、決議が存在しないことの確認を、訴えをもって請求することができる。Ⅱ株主総会等の決議については、決議の内容が法令に違反することを理由として、決議が無効であることの確認を、訴えをもって請求することができる。」

協同之意思表示相互合致而成立之法律行爲，如法律規定其決議須有
一定數額以上股份之股東出席，此一定數額以上股份之股東出席，爲
該法律行爲成立之要件，如欠缺此項要件，則股東會決議不成立[86]，
爲股東會決議瑕疵之獨立類型。再者，如當事人就股東會決議是否成
立有爭執者，以決議不成立爲由，提起確認股東會決議不成立之訴，
應非法所不許。」從該民事判決可看出最高法院對於股東會決議不成
立的問題有幾個觀點；第一，實務承認股東會決議不成立瑕疵類型的
存在。第二，股東會決議屬法律行爲，應具備法律行爲所必須之成立
要件及生效要件。第三，對股東會決議成立與否爭執時，可提起確認
股東會決議不成立之訴[87][88]。故我國對於股東會決議不存在之瑕疵類
型，通說認可承認，但仍欠缺法依據，本書認爲仍應修法明文爲宜。

三、股東會決議不成立較常見類型，莫過於「就開會決議事項不足法定最
　　低出席數所作成之股東會決議」，以及「須經特別決議事項而以普通
　　決議或假決議爲之」兩種，該等不成立類型的關鍵，在於當股東會決
　　議事項，未達該決議事項法定最低出席數時，其瑕疵效力如何？

　　（一）誠如股東會效力問題時所述[89]，股東會決議乃爲股東最大多
　　　　　數決意思方向之表彰，因此在多數決原則下，應再區分爲
　　　　　「出席過半數」與「表決過半數」，決議正當性建立在「出
　　　　　席過半數」，始得認該股東會決議有效成立，即體現於公司
　　　　　法第174條「應有代表已發行股份總數過半數股東之出席」。

---

[86] 另外就一定數額以上股份之股東出席屬特別成立要件之部分，後詳述。

[87] 得否提起確認股東會決議不成立訴訟，在民事訴訟法第247條第1項、第2項確認之訴訴訟標
的是爲法律關係基礎事實之「存否」的規定下，爭執確認訴訟標的可否爲法律關係基礎事實之
「成立」之爭議。惟此爭議通說認爲，以擴張解釋民事訴訟法第247條規定認許提起，實務亦
承認此類型訴訟存在。

[88] 最高法院92年度台上字第1174號、65年度台上字第1374號等民事判決，可見早期實務已有認
爲股東會決議不成立類型之存在。

[89] 請參見問題93。

故「出席過半數」之要求為股東會決議不可或缺的本質上必備要件，應為特殊成立要件者是，除法律另有規定者外，欠缺出席過半者，應認決議不成立。而決議成立後是否合法生效，即同條所謂「行之」，屬「表決過半數」問題，也就是公司法第174條「以出席股東表決權過半數之同意」之要求；表決未過半，決議不生效，由此可知「表決過半數」應為特殊生效要件。

(二) 公司法因應不同決議事項的重要程度，分以「普通決議」、「特別決議」及「累積投票制」處理。普通決議即公司法第174條本書，為出席過半、表決過半。特別決議與累積投票制為公司法第174條除書規定，特別決議原則以代表已發行股份總數三分之二以上股東出席，以出席股東表決權過半數之股東同意；於公開發行股票公司時得以有代表已發行股份總數過半數股東之出席，出席股東表決權三分之二以上股東同意；而出席與表決權數章程有較高規定者從其之。累積投票制則為公司法第198條、第227條準用198條之董事、監察人選任方法，就定足數而言，實務認為雖公司法第198條規定表決選任的方式採累積投票制，但出席部分未特別規定，應回到公司法第174條出席原則，以有代表已發行股份總數過半數之股東出席[90]。又，考量普通決議事項重要性程度，法例上予其權宜措施，即得依公司法第175條規定以代表已發行股份總數三分之一以上股東出席，並以出席股東表決過半數之同意，為假決議後通知公告，一個月內再行召集股東會，仍有同數之出席、表決時，該決議事項認已進行普通決議。惟假決議僅適用法定普通決議事項，不適用法定或章定特別決議事項

---

[90] 最高法院94年度台上字第1309號民事判決。

　　　　以及章定普通決議事項，以免公司以章程濫行假決議之。

（三）則開會決議事項不足法定最低出席數所作成之股東會決議效力
　　　　如何，學說及實務見解皆有不同意見。早期實務見解採得撤
　　　　銷說，認為決議事項不足法定最低出席數所作成之決議應屬
　　　　公司法第189條「決議方法」瑕疵可得撤銷[91]。惟晚近最高法
　　　　院揚棄得撤銷說見解，趨改採不成立說，認法律規定其決議
　　　　必須有一定數額以上股份之股東出席，此一定數額以上股份
　　　　之股東出席，為該法律行為成立之要件[92]。又法律規定其決議
　　　　必須有一定數額以上股份之股東出席之成立要件，應視決議
　　　　事項屬特別決議事項、普通決議事項或董監選任決議而門檻
　　　　有所不同，故而開會決議事項不足法定最低出席數所作之股
　　　　東會決議效力，以及須經特別決議事項而以普通決議或假決
　　　　議為之者，該二者均應認屬出席數不足法定最低出席門檻，
　　　　瑕疵效果為決議不成立。

---

[91] 最高法院63年度台上字第965號民事判例，惟本則判例於2014年8月5日經最高法院103年度第
　　11次民事庭會議決議不再援用，並於2014年9月5日由最高法院依據最高法院判例選編及變更
　　實施要點第6點規定以台資字第1030000630號公告之。
[92] 最高法院103年度第11次民事庭會議決議（一）要旨：「六十三年台上字第九六五號判例要旨
　　與該判例個案具體事實未盡相符，本則判例不再援用。」（二）：「股東會之決議，乃多數
　　股東基於平行與協同之意思表示相互合致而成立之法律行為，如法律規定其決議必須有一定
　　數額以上股份之股東出席，此一定數額以上股份之股東出席，為該法律行為成立之要件。欠
　　缺此項要件，股東會決議即屬不成立，尚非單純之決議方法違法問題。」

第十五章

股東會開會後之實務

問題 *100* 股東會開會後公司應做的事項有哪些？

要點！

- 股東會開會後公司應作成股東會議事錄，並分送各股東。
- 例外不作成股東會議事錄之情形。

參考條文

公司法第183條。

※相關問題：問題101。

說　明

　　根據公司法第183條第1項前段規定，關於股份有限公司股東於股東會開會後，原則上既已合法出席該次股東會，自然有知悉決議事項，進而收到股東會議事錄需要。因此，該法明確規定股東會之議決事項，應當作成議事錄，並分送各股東。例外情況為依據經濟部2009年1月20日經商字第09802006120號函，如因出席股東代表之股份總數未達法定數額而流會，因未開議，自無決議，毋庸依公司法第183條規定辦理。

問題 101 股東會議事錄之紀錄如何作成？

要點！

- 股東會議事錄之紀錄內容。
- 股東會議事錄之保存及分送。

參考條文

公司法第183條。

※相關問題：問題71。

說　明

　　至於股東會議事錄原本之製作方面，根據經濟部1985年8月3日商33046號函，原則上應當依循公司內部，係指派何人以之作為公司紀錄人員。惟會計師如依其委任契約，有爲公司之股東會製作議事錄之權限時，該會計師即得依受任人之身分出席會議，並且製作會議紀錄原本。反之，會計師依委任契約無製作議事錄原本之權限時，自不得違反約定擅自製作。亦即如僅受託代製議事錄之正本或節本時，該正本或節本僅能參照該公司製造之原本，尚不得自行增刪編撰。又主席亦可充當公司記錄人員。

　　另外，關於股東會議事錄之記錄內容部分，在公司存續期間，應當永久保存。根據公司法第183條第4項規定，記載內容應當包涵「會議之年、月、日、場所、主席姓名、決議方法、議事經過之要領及其結果」。本書擬以全國商工行政服務入口所作範例，加以說明之。

　　有關議事錄記載決議方法形式方面，根據2001年經濟部商字第09002108030號函，得區分為三種型式說明：

一、股東對議案無異議：公司股東會議事規則對股東會之決議方法訂有「議案之表決，除公司法及公司章程另有規定外，以出席股東表決權過半數之同意通過之。表決時，如經主席徵詢出席股東無異議者，視爲通過，其效力與投票表決同」時，其記載可爲「經主席徵詢全體出席股東無異議照案通過」，當事人如仍有爭執，請遂循司法途徑解決。

二、股東對議案有異議：採票決方式並應載明通過表決權數及其權數比例，其記載可爲「出席股東表決權數857,850同意通過，占總權數85.785%」。

三、董監事之選舉：採票決方式並應載明當選董事、監察人之當選權數，其記載可爲「張三（當選權數1,020,000）、李四（當選權數921,015）、王五（當選權數803,315）等三人當選爲本公司董事，趙六（當選權數857,850）當選爲本公司監察人，任期自即日起三

年」。

　　鑑於各發行公司股東人數與日俱增，考量議事錄之印製寄發乃繁複工作，同時為使公司有充裕時間製作股東會議事錄，在配合實務需要狀況下，關於股東會開會後幾日內應當分發予各個股東，乃由1980年開會後十日內分發給各個股東，於2001年明文放寬為二十日內即可。

　　另外，根據公司法第183條立法理由得知，爰將違反股東會議事錄作成之處罰對象，於1983年第4項明文「公司負責人」，改為「代表公司之董事」。考究內涵在於股東名簿之備置義務，應當由董事長負責執行，而不宜罰及全體董事。又，根據經濟部2003年11月21日商字第09202238630號函，股東會之議事錄分送應作為之義務，係由主席董事長應於股東會之會議事錄上簽名或蓋章作成。惟有疑問的是，依公司法第183條第1項及第6項分別規定：「股東會之議決事項，應作成議事錄，由主席簽名或蓋章，並於會後二十日內，將議事錄分發各股東。」、「代表公司之董事，違反第一項、第四項或前項規定者，處新臺幣一萬元以上五萬元以下罰鍰。」可知議事錄應由主席簽名蓋章，否則應對代表公司的董事處以罰鍰，基本上股東會之主席皆由董事長擔任，適用上並無疑義。然若該次股東會之主席不是董事長擔任，而係少數股東自行召開股東會時，此時應由主席簽名蓋章或是由董事長為之？亦即如果主席不在議事錄上面簽名時，則應處罰董事長或是召開該次股東會之主席？依公司法第183條第6項規定，未將此種情形規範在內，顯然屬立法疏漏，本書建議修法解決之，應將公司法第183條第6項規定中「代表公司之董事」修改為「議事錄作成義務者」，徹底解決公司法第183條第1項及第6項間之矛盾。

　　2005年為因應電子科技進步，節省公司通知事務成本，得依電子簽章法規定之電子方式，進行議事錄之製作與分發。民國100年起，伴隨節省公開發行公司辦理議事錄分發作業成本與響應環保無紙化政策，在考量公開資訊觀測站建置已臻完善情況下，公開發行股票公司分發議事錄予股東時，不論股東持股多寡，均得以公告方式為之。

　　根據經濟部1968年2月17日商05129號函，該公司會議紀錄如未依法分

送各股東者，股東得逕請求公司補送，惟不能因公司未分送會議紀錄，而否認所有會議之效力。

【股東會議事錄樣式】

×××股份有限公司
股東會議事錄

一、時間：中華民國×××年××月××日　午××時
二、地點：
三、出席：代表已發行股份總數××××股，出席率××%
四、主席：×××　　　　　　　　　記錄：×××
五、報告事項：（略）
六、承認事項：無
七、討論事項：
　　(一) 案由：
　　　　說明：
　　　　決議：
八、選舉事項：
　　(一) 案由：選任董事及監察人案
　　　　說明：本次應選任董事3人及監察人1人，其任期自XXX年XX月XX日迄XXX年XX月XX日止，計X年。
　　　　決議：選舉結果如下：

股東編號	職稱	姓名或名稱	當選權數
×××	董事	×××	×××
×××	董事	×××	×××
（非股東）	董事	×××	×××
×××	監察人	×××	×××

九、散會

（加蓋公司印章）
主席：（簽章）
記錄：（簽章）

國家圖書館出版品預行編目資料

公司法爭議問題研析－股東會篇／ 黃清溪主
編. -- 初版. -- 臺北市：五南，2017.08
面；　公分
ISBN 978-957-11-9205-5（精裝）

1.公司法 2.問題集

587.2022　　　　　　　106008501

1UD3

公司法爭議問題研析
——股東會篇

主　　編 — 黃清溪（290.7）

作　　者 — 黃清溪、簡祥紋、鄭瑞崙、游聖佳、陳錦昇
　　　　　　黃偉銘、李美金、莊如茵、張鴻曉、魯忠軒
　　　　　　邵勇維、羅玲郁、謝孟良、何佩芝、楊有德
　　　　　　黃鋒榮、吳　姮、陳亦明、吳軒宇、林秉毅

發 行 人 — 楊榮川

總 經 理 — 楊士清

副總編輯 — 劉靜芬

責任編輯 — 吳肇恩

封面設計 — P.Design視覺企劃

出 版 者 — 五南圖書出版股份有限公司

地　　址：106台北市大安區和平東路二段339號4樓

電　　話：(02)2705-5066　　傳　　真：(02)2706-6100

網　　址：http://www.wunan.com.tw

電子郵件：wunan@wunan.com.tw

劃撥帳號：01068953

戶　　名：五南圖書出版股份有限公司

法律顧問　林勝安律師事務所　林勝安律師

出版日期　2017年8月初版一刷
　　　　　2018年7月初版二刷

定　　價　新臺幣420元